葬儀・法要
あいさつ事

お悔やみ、弔辞から謝辞まで
すぐに役立つ実例集

現代礼法研究所主宰
岩下宣子

日本文芸社

あなたは心のこもった挨拶ができますか

◆はじめに◆

人の不幸は、予告なしに、ある日突然訪れるものです。「近いうちにその日が来るだろう」と覚悟はしていたとしても、事前に準備万端整えておけるようなことではありません。

通夜に出向くときは、お悔やみはどのように言えばよいのか、告別式での弔辞を依頼されたときは、どんなことを書いて朗読すればよいのか、慣れないことだけにとまどう人が多いでしょう。かといって、思いつくままのことを言ったり、弔辞を断ったりすると、故人と遺族に対して失礼になります。

一方、喪主や遺族は、通夜の弔問客に対して、あるいは通夜ぶるまいの席、出棺時、精進落としの席など、一連の儀式でそのつど挨拶をしなければなりません。とくに喪主は故人の代理という立場ですから、悲しみのために取り乱したりすることなく、きちんとした挨拶をする必要があります。

一周忌や三回忌などの年忌法要の場合は、前もって準備をすることができますが、失礼のない挨拶ができるかどうかとなると、やはり不安になってきます。

そのような〝いざというとき〟に、マナーにかなった挨拶ができるよう、この本では、立場別、シーン別に挨拶の実例を満載しています。弔辞についても、構成のしかたと朗読のしかたを、きめ細かくアドバイスしてあります。

葬儀・法要を主催する人と参列する人が、心のこもった挨拶をするために、この本を活用していただくことを願っています。

著　者

目次

第1章 葬儀・法要での挨拶の基本とコツ

第2章 通夜でのお悔やみと応対のことば

第3章 通夜での喪家側の挨拶

第4章 葬儀・告別式での会葬者の弔辞

第5章 葬儀・告別式での喪家側の挨拶

第6章 葬儀後の挨拶

第7章 法要での挨拶

■執筆協力／石内和平　榎本真一
■イラスト／木原りえ
■編集協力／㈱文研ユニオン

第1章

葬儀・法要での挨拶の基本とコツ

挨拶や弔辞には事前の準備が欠かせない

弔辞は、生前に親交のあった人に依頼される

弔辞は、故人の霊に捧げる弔《とむら》いのことばです。弔辞朗読は、おもに規模の大きい告別式で行なわれることが多く、一般家庭の告別式では省略されることも珍しくありません。

また、結婚披露宴での祝辞などと異なり、何人もが入れ代わり立ち代わりして行なうことはあまりなく、故人と生前に親交のあった一名から数名の限られた人が依頼されるのがふつうです。

弔辞を依頼されることは、名誉なことであり、また事実上、会葬者の代表の一人という立場を担うことにもなりますから、弔辞の依頼を受けたら快く引き受けて、しっかりと準備をすることが大切です。

出棺時の喪主の挨拶は、葬儀を締めくくる重要なもの

葬儀・告別式が終了し、棺《ひつぎ》が火葬場へ向かう前に、喪主（または遺族代表）は会葬者に対して挨拶をすることが慣例になっています。葬儀・告別式は、一連の儀式の中心に位置するものですから、それを締めくくるものとして、喪主の挨拶は重要な意味を持ちます。

また、火葬場まで同行する限られた人を除くと、会葬者の多くがここで故人と最後のお別れをすることになります。その点も念頭に置いて挨拶をする必要があります。

そのように重要な挨拶ですから、悲しみのためにとり乱してことばを失うことのないように、できるだけ事前の準備をしておきたいものです。

必ず草稿を作って、十分な練習をしておく

弔辞は、朗読したら巻き戻して霊前に供えます。したがって、まず草稿を作り、実際に声に出して何度も練習し、表現で気になるところや発音しにくいところなどをチェックして、最終稿を作り上げるようにします。

弔辞の書き方のポイントなどについては第４章で説明しますが、「基本スタイル」を示してありますから、それを応用すれば、礼にかなった形式で書くことができます。

一方、出棺時の喪主の挨拶では、書いたものを読むという形はとれません。心の乱れなどのために言おうと思っていたことが頭に浮かんでこないということのないように、原稿を作って十分に練習しておきましょう。

400字詰原稿用紙で2枚以内が目安になる

草稿は「三分間」を目安にしてまとめる

時間的な決まりはとくにありませんが、弔辞は三分間前後が適当です。標準的な話の速さは、一分間に二五〇字程度ですから、三分間なら七〇〇～八〇〇字程度を目安にします。

喪主の挨拶は、それよりやや短くまとめるのがふつうです。闘病中の様子などを紹介する場合でも、あまり長々と話すのはよくありません。弔辞と同様に三分間程度にとどめましょう。

聞く人の心に残る話をするには

決まり文句だけに終始すると誠意が伝わらない

弔事の挨拶には、古くから使われてきた決まり文句があります。決まり文句は、どのようなときにどんなことばを使えばよいかを考えるうえで、また失礼のない挨拶をするためにも、とても便利なものです。そんな重宝なものだからこそ、長い間利用されてきたのです。挨拶をする際の常識として、上手に活用すべきでしょう。

ただ、決まり文句はだれもが用いる可能性のあることばですから、それだけオリジナリティーが希薄になります。決まり文句だけを並べた挨拶では、だれが話しても同じ印象になり、聞く人の心に響きません。どんなに誠意を込めて話しても、聞く人にそれが伝わらないのです。

挨拶の原稿を書くときは、できるだけ自分のことばを用いながら、決まり文句を要所要所で用いるようにしましょう。仮に決まり文句を多用せざるを得ないケースであったとしても、挨拶のどこか一か所だけでも独自の表現をするようにすべきです。その心づかいこそが、誠意の証《あかし》です。

抽象的な言い方ではなく、具体的に話す

決まり文句だけでは誠意が伝わりにくいのは、話の内容が抽象的になってしまうためでもあります。たとえ独自の表現を盛り込んだとしても、それが抽象的なものであれば、誠意が伝わりにくいという状況は変わりません。

故人が心のやさしい人であった場合は、だれもが「やさしい方でした」と表現するでしょう。〝や

さしい方〟というのは必ずしも決まり文句ではありませんが、みんなが口にしがちな表現です。話す人の脳裏には、自分にとって「どのようにやさしい人であったか」思い起こされていても、聞く人にはどのように〝やさしい方〟であったかが伝わらないのです。

そのような現実味のない話では、ほかのだれでもない、あなた自身が挨拶をするという意味が薄くなってしまいます。

独自の表現をするというのは、結局、具体的な表現をすることです。抽象的なことばだけでは、話にリアリティーをもたせることができません。故人をたたえようとして「やさしい方」と言ったとしても、その誠意が聞く人の心に響かないことになるわけです。自分だからこそ話せる内容を、自分らしいことばで語る――それでこそ、話にリアリティーが生まれてくるのです。

挨拶の中で、ワンポイントでかまいませんから、自分ならではの具体的な内容と表現を盛り込むように工夫することが大切です。

話の山場では、故人とのエピソードを披露する

挨拶をより具体的に、と考えていくと、どうしても長くなってしまいます。かといって、話をできるだけ簡潔にまとめようとすると、具体性のない内容になりがちです。

その二律背反のことをうまく処理するためには、まず話全体の構成を把握し、どこが〝山場〟であるかを考えるのです。そして、全体的には抽象的な言い方が多くなるとしても、その〝山場〟に具体的なことを盛り込めばよいのです。

〝自分ならではの話を具体的に語る〟ために欠かせないのが、故人とのエピソードです。それを簡潔に披露すると、抽象的な印象が消え、聞く人の心に、映像のように鮮明に伝わります。

とくに弔辞の原稿を作るときには、この点をぜひ心がけてください。

葬儀・法要の挨拶で気をつけたいこと

宗教別の表現の違いに注意する

わが国では、葬儀の九〇パーセント以上が仏式で行なわれています。そのため、葬儀にかかわる用語や表現、習慣については、仏式のものが一般化しています。

しかし、十数回に一回の割合で、神式やキリスト教式の葬儀が行なわれていることを忘れてはなりません。当然、葬儀の形式によって用語や表現なども違ってきます。

心がこもっていれば細かいことはどうでもよい、という考え方もあるかもしれませんが、葬儀は重要な宗教的催しですから、細かな違いにもきちんと気を配ることが大切です。基本的なマナーを守らないと、常識を疑われることになります。

たとえば、仏式の通夜にあたる儀式は、神式では通夜祭といい、キリスト教のカトリックでは棺前祈祷式、プロテスタントでは前夜祭と呼ばれています。

このような表現の違いは、宗教上の考え方の違いからきていることはいうまでもありません。宗教別の表現の違いに、十分に注意してください。

各行事で用いられる用語を間違えない

葬儀の主催者を「喪主《もしゅ》」と呼びますが、これは葬儀期間中の呼び名で、七七日忌《なななぬかき》（四十九日忌・宗派によっては三十五日忌）の忌明《いみあ》けの法要からは「施主《せしゅ》」に変わります。

仏教の僧侶にあたる人を、キリスト教では神父・牧師と呼びます。キリスト教徒以外の人は、神父と牧師を混同しがちですが、前者はカトリック、後者はプロテスタントの場合です。

このように、行事や宗教上の違いによる呼称の区別を知っておくことも、マナーを守るうえで必要なことです。

感傷的すぎる話は控える

葬儀の場は、悲しみに包まれています。とくに遺族の胸中は察するに余りあるものでしょう。

弔問・会葬者もその悲しみを分かち合いますが、いたずらに感傷的な話をするのはさし控えることが大切です。悲しみを助長するだけの話は、なんのプラスにもなりません。遺族の心を思いやって、共にひたすら故人の成仏を祈るという姿勢を保ちましょう。故人と親しかった人ほど、この点に対する注意が必要です。

Column

忌みことばに気をつけよう

忌みことばは、かつては縁起のよくない印象をもつことばの代わりに、言い替えて用いることばのことでしたが、最近では、縁起のよくないことばそのものの意味で用いられているようです。

お悔やみや弔辞、弔電の中では、不幸を繰り返すことを連想させるようなことばはできるだけ避けましょう。

たとえば、「返す返す、重ね重ね、いよいよ、ますます、たびたび、また、再三、さらに、ふたたび」などが忌みことばです。

現代では気にしない人が多くなりましたが、気にする人の存在を無視することはできません。ほかのことばに言い替えたり、用いないですませることができれば、あえて使わないようにするのも、マナーのひとつです。

挨拶をするときは、こんな点に注意を

肩の力を抜き、背筋を伸ばして話す

弔事の場では、だれもがうつ向きかげんになります。それは当然のことで、やむを得ません。ただ、挨拶をする場合は、その姿勢のままではは声が低くこもりがちになり、ことばが不明瞭になってしまいます。それでは、話す人がいくら心を込めて話しているつもりでも、聞く人の心に届かない結果になりかねません。

また、肩に力が入りすぎると、緊張感が増すばかりで、言い間違いや読み違いなど、思わぬ失態を演じるおそれがあります。

挨拶をするときは、深呼吸をして肩の力を抜き、背筋をすっきりと伸ばして、自然体を意識して語り始めるようにしましょう。

明るすぎず、暗すぎない声の出し方を心がける

明るすぎる声が悲しみの場にふさわしくないことは、いうまでもありません。かといって、暗すぎるのもよくありません。やはりことばが不明瞭になるからです。

感情の高ぶりをそのまま声に出したり、泣き声になったりするのも、遺族の悲しみの心をあおるばかりですから慎むべきです。「できるだけ冷静に」を心がけましょう。

適度な間をとって、語尾を明確に発音する

自然体で、冷静にといっても、弔事の場では難しいことかもしれません。挨拶をするのは、たい

てい故人とのつながりが深かった人ですから、心の乱れを抑えることだけでも精一杯でしょう。

そのような状態のときに最低限心がけたいことは、次の三点です。

①ゆっくりと話し、要所要所で適度の間《ま》をとる。
②口をいつもより大きめに開けて明瞭な発音を意識する。
③語尾を明確に発音する。

これらを心がけると、無意識に話す場合よりもずっと聞き取りやすくなります。「ゆっくり・明瞭に・語尾をはっきり」を頭に入れておきましょう。

悲しみの席でのスピーチでも、背筋を伸ばしてはっきり発音する

お礼のことばだけでなく、頭を下げて礼を尽くす

弔事の場で挨拶をするときは、身ぶり手ぶりを控えるのが原則ですが、直立不動というのも、少々不自然ですし、場合によっては不遜な印象を与えかねません。

とくに遺族側がお礼のことばを述べるときは、参列者に対して頭を下げるようにしましょう。葬儀でお世話になった人へ謝辞を述べるときは、その人に対してていねいに頭を下げて礼を尽くしましょう。

弔辞を読む人が、故人との生前のつき合いに関してお礼のことばを捧げるというケースでも、単にことばだけで表現するのではなく、霊前で深く頭を下げたほうが、謝意をはっきりと表現することができます。

謙称と尊称一覧

関係	自分側（謙称）	相手側（尊称）
本人	私・わたくし・わたし・ぼく・小生	きみ・あなた・あなた様・貴君
父親	父・おやじ・老父・実父・家父・先代	お父上・父上様・ご尊父・お父様・父君
母親	母・おふくろ・老母・実母	お母上・母上様・ご尊母・お母様・母君
父母	両親・父母・老父母	ご両親様・ご父母様・親御様・ご両所様
夫	夫・主人・宅・○○（姓）	ご主人様・ご夫君様・だんな様
妻	妻・家内・女房・愚妻・○○（名前）	奥様・令夫人様・ご令室様

関係	自分側（謙称）	相手側（尊称）
夫の父母	父・母・舅・姑・養父（母）・義父（母）	お父（母）様・お父（母）上様・お舅様・お姑様
妻の父母	父・母・岳父（母）・義父（母）	ご外父（母）様・ご岳父（母）様
祖父祖母	祖父（母）・隠居	ご祖父（母）様・ご隠居様・おじい様・おばあ様
息子	息子・せがれ・長男○○	ご子息様・ご令息様・お子様・お坊ちゃん
娘	娘・子ども・長女○○	ご息女様・ご令嬢様・お嬢様
兄弟姉妹	兄・姉・弟・妹・愚弟（妹）・長兄・末弟	兄（姉）上様・お兄（姉）様・弟（妹）様

第2章

通夜でのお悔やみと応対のことば

挨拶をする人が心得ておきたいこと

弔問客と遺族が話す機会は少ない

冠婚葬祭の中では、「葬」に関する儀式が最も寡黙《かもく》に執り行なわれます。法要は別として、臨終から納骨までの一連の儀式の中で弔問客と遺族が話をする場面は、挨拶や弔辞朗読をするとき以外は、あまりないものです。

弔問客と遺族が直接ことばを交わす機会といえば、通夜ぶるまいの席ぐらいです。

通夜ぶるまいは、弔問客に対するお礼とお清めの席で、儀式的側面もないわけではありませんが、お酒や軽食がふるまわれることもあり、比較的打ち解けた状況になります。ですから、儀式をあまり意識せずに、弔問客と遺族がお互いに心を通わせ合う場といえるでしょう。

弔問客はお悔やみと励ましのことばを

お通夜に出向いた際に交わす挨拶や、通夜ぶるまいの席で弔問客が遺族に対して述べるべきなのは、故人の死を悼み、遺族を慰め、励ます短い「お悔やみのことば」です。

最もよく耳にすることばは、「このたびはご愁傷《しゅうしょう》さまで……」という、語尾がはっきり聞こえない形です。驚きや悲しみが交錯する場でのことなのでやむを得ませんが、できればもう少し心のこもったことばを考えたいところです。

遺族の胸中を推し量りながら、これまでの故人との交流や、遺族と自分との関係を頭の中でよく整理して、その場にふさわしいひと言を簡潔に伝えるようにしましょう。

喪家側は、お礼の気持ちを込めて挨拶を

弔問客のお悔やみや慰め、励ましのことばに対して、遺族と喪家側の人は、心を込めてお礼のことばを返しましょう。大きな悲しみのさなかに大勢の人を迎えることになり、なかには初対面の人も少なくないでしょう。しかし、突然の出来事にもかかわらず万障繰り合わせて弔問に来てくださったのですから、できるだけ丁寧に応対するように心がけましょう。

遺族のための「返礼のことば」の実例もこの章に収録しましたので、参考にしてください。

遺族と長々と話し込む、故人の死因を執拗に聞く、陽気な声で話す、これは弔問客の３大タブー

こんなお悔やみのしかたはタブー

遺族と喪家側の人は、悲しみを抑えながら多くの弔問客と対応しなければなりません。そのような状況の下で、遺族をひとり占めにして長々と話し込むのは、弔問客の大きなルール違反です。とくに、故人の他界のいきさつなどについて質問攻めにするのは、最もよくないことです。

また、遺族を励まそうと思うあまり、大きく明るい声で語りかける人もいますが、それも通夜の場にはふさわしくありません。

通夜ぶるまいの席でのお酒は、清めの意味で出されるものですから、それを心得て、自制心を持って臨みましょう。

お悔やみのことば

どんなケースにも使えるお悔やみ

★このたびは、まことにご愁傷《しゅうしょう》さまです。心からお悔やみ申し上げます。

★急なお知らせで、本当に驚きました。心からお悔やみを申し上げます。

★このたびは、思いもかけないことでお力落としのことでしょう。お慰めのことばもございません。

★取るものも取りあえずうかがいましたが、いまだに信じられません。どうかお気をしっかりとお持ちになってください。

★悲しいお知らせをいただいて、大変驚きました。奥様（ご主人）の胸中、お察しいたします。心からお悔やみ申し上げます。

★まさか、と思いながら参りました。残念でなりません。おつらいでしょうが、残されたお子様（お母様など、とくにショックを受けている人）のためにも、お力落としのないように……。

ここがポイント

◆**お悔やみのことばは簡潔に心を込めて**

通夜にも喪服を着て出席する人が増えていますが、取るものも取りあえずに駆けつけるのですから、平服でもかまいません。

通夜に出向いたら、まず受付で、ひと言お悔やみのことばを述べましょう。

また、通夜ぶるまいの席で喪主や喪家側の人と顔を合わせたら、簡潔で心のこもったお悔やみのことばを述べるのがマナーです。

病死だった場合

✿ご体調が芳《かんば》しくないとはうかがっておりましたが、こんなに急に逝かれるとは……。心からお悔やみ申し上げます。

✿先日お見舞いにうかがったときは、笑顔を見せておられたのでご回復を信じておりましたのに、本当に残念です。どうか、お力落としのございませんように……。

✿あんなに懸命に看護をされていたのに……、ご無念でしょう。当面は大変でしょうが、お体を大切になさってください。

✿このたびは、まことにご愁傷さまでございます。お元気な方でしたので、ご入院とうかがっても、あまり心配していなかったのですが、考えが及ばず、申しわけありません。

✿長いご入院で、私も早くよくなられるように祈っていたのですが……、本当にお慰めのことばもございません。ご胸中をお察しします。

✿長い間、大変でしたね。穏やかなお顔で逝かれたとお聞きして、少し気が楽になりました。心からお悔やみを申し上げます。

ここがポイント

◆他界の様子を根掘り葉掘り尋ねない

病死や事故死、突然死の場合は、弔問する側としては、故人が他界するまでの経緯や臨終の様子などが気になるところですが、喪主をひとり占めして根掘り葉掘り尋ねるのは慎むべきです。

遺族の悲しみをあおるような言動や、長話につながるような話題を持ち出してはいけません。

事故死・急死だった場合

✿急なお知らせで、なんと申し上げたらよいかわかりません。どうか、気をしっかりとお持ちになってください。

✿突然のことで、半信半疑の思いで駆けつけました。私も、悔しくてたまりません。心からお悔やみ申し上げます。

✿まさか、こんなことになるなんて、とても信じられないことです。お気持ちをお察しします。

✿ニュースでお名前が耳に入り、まさかと思いましたが……。残念です。

✿思いがけない事故で、残念なことです。お力落としにならないように、お気を強く持ってください。

✿このたびは、本当にご災難でしたね。皆様のご胸中を思いますと、申し上げることばもございません。

✿家内からの連絡で飛んでまいりましたが……。数日前に元気なお声を聞いておりますので、いまだに信じられません。おつらいでしょうが、気を強くお持ちになってください。

ここがポイント

◆遺族への心づかいに重点をおく

家族の死は、ただでさえ悲しいことですが、事故などで突然その事態に至ったときは、きわめて大きなショックが重なり、遺族の心痛は計り知れないものがあるでしょう。

弔問をするときは、何よりもそのことに配慮し、遺族をいたわり、胸中を察する心づかいが大切です。

お悔やみのことばを述べるときも、その心づかいを簡潔に表現するようにしましょう。

故人が高齢だった場合

◆ずっとお元気そうでしたのに、残念でなりません。心からお悔やみを申し上げます。

◆このたびは、まことにご愁傷《しゅうしょう》さまでございます。本当に寂しさが募ります。

◆このたびは思いもよらないお知らせをいただきまして……。お父様にはずっとお世話になるばかりで、これからご恩に報いようと思っておりましたので、本当に残念です。

◆このたびは、残念なことでございました。まだ教えていただくことがたくさんありましたのに……。心からお悔やみを申し上げます。矍鑠《かくしゃく》としていらっしゃったのに、急にこのようなことになって……。

◆このたびは、本当に残念なことで、心からお悔やみを申し上げます。ご連絡の折に「安らかな最期だった」とうかがいましたが、お寂しいことでしょう。

◆長い間親しくさせていただきましたので、私も寂しくなるばかりです。

ここがポイント

◆故人とのつき合いが長かった場合は

故人とのつき合いが長かった場合は、遺族と心を一つにするという意味も込めて、残念であることや寂しい思いを、簡潔に表現しましょう。

◆「天寿を全うする」は弔問客側は禁句

高齢者が亡くなったときに「天寿を全うした」と表現する人がいますが、これは遺族の判断によるものですから、弔問する側が口にするのは控えるべきです。

早すぎる死去だった場合

- まだ働き盛りだったのに、突然このようなことになり、申し上げることばもございません。驚きが先に立って、まだ信じられない思いです。
- まだ三十代とお聞きしていたのに、なぜこのようなことに……。私でさえ悔しくてたまらないのですから、ご家族の皆様は、さぞご無念のことでしょう。でも、どうかお気持ちを確かにされて……。
- まさにこれからというときに、このようなことになって、本当に残念です。おつらいでしょうが、お力を落とされないように……。
- 就職が決まってあんなに喜んでおられたご長男が、突然帰らぬ人になるなんて……。間違いであってくれればと思いながらうかがったのですが……。心からお悔やみを申し上げます。
- 奥様が入院されたとうかがっておりましたが、こんなことになってしまうなんて……。ご無念でしょうが、小学生のお子さまのためにも、今は気をしっかりと持たれますように……。

ここがポイント

◆死因にかかわる発言は控える

病死や老衰死の場合を除き、周囲の人にとって故人がなぜ死んだのかということは、とても気がかりなものです。その死が早すぎるときは、なおさらです。

しかし、弔問客が遺族にそれを尋ねるのは控えましょう。また、早すぎる死をあわれむ表現をするのも感心できません。お悔やみのことばを言うときは、遺族を慰め、励ますことばを中心にしましょう。

故人が子どもである場合

◆このたびは、残念なことになってしまって、おつらいでしょうね。真由ちゃんは、あんなに元気に幼稚園に通っていたのに……。

◆和也君が交通事故でこんなことになるなんて、なんと申し上げたらよいか……。どうか気をしっかりとお持ちになって……。

◆このたびは、本当に残念です。お嬢様の看病を懸命にされていただけにご無念とは存じますが、どうかお力を落とされないように……。

◆拓ちゃんは近々退院できるとお聞きしていたので、本当にお気の毒で、お慰めすることばが出てきません。できることはすべてなさったのですから、あまりご自分をお責めにならないで……。

◆成績も優秀でご自慢の息子さんが、こんなことになってしまうなんて……。心からお悔やみ申し上げます。

◆突然のお知らせで、まだ信じられない思いです。お力落としのことでしょうが、千恵ちゃん（故人）が心配しないように、今はなんとか気持ちを強くお持ちにならないと……。

ここがポイント

◆子ども連れの弔問はできるだけ控える

まず一般論として、通夜や葬儀の場に、儀式の意味を正しく理解できない年齢の子どもを連れて行くのは、マナー違反になります。ぐずったり、走り回ったりしがちだからです。

故人が幼い子どもである場合は、同年齢の子どもを目にする遺族の心情を考えれば、弔問に同伴すべきでないことはいうまでもないでしょう。

故人が喪主の夫・妻である場合

◆このたびは、まことにご愁傷さまでございます。ご主人が夜もあまり寝ないで毎日看病をしておられたのに、残念なことになってしまいまして……。

◆突然のことで、信じられない思いです。おふたりはうらやましいほど仲がよくて、銀婚式をすまされたばかりでしたのに……。奥様、本当におつらいでしょうね。

◆ご主人の急なご不幸で、お力落としのことと存じます。心からお悔やみを申し上げます。

◆本当に残念なことになりましたね。奥様は、あんなに若々しくていらしたのに……。

◆このたびはご主人の大変なお知らせをいただいて……。心からお悔やみを申し上げます。本当におつらいでしょうが、残されたご家族のためにも、あなたがしっかりしていないと……。

◆このたびは悲しいお知らせをいただきまして……。まことにご愁傷さ

ここがポイント

◆残されたひとりへの思いやりは、こう伝える

夫婦の一方が亡くなった場合は、残されてひとりになった人の心には、悲しさと将来への不安、寂しさが押し寄せてきます。

弔問では、その心を思いやった言動が望まれます。ただし、喪主にお悔やみを述べる際には、あまり多くを語らず、慰め・励ますことばをひと言述べるにとどめます。今後、支えてあげたいという気持ちは、帰り際に「また、ときどき参りますから」というような形で伝えましょう。

までございます。私も昨年、夫を交通事故で亡くしましたので、奥様のお気持ちが痛いほどわかります。

故人にとくにお世話になっていた場合

✿田村さん（故人）にはいつもお世話になってばかりでしたのに、お礼のまねさえできなくて、とても悔やんでおります。

✿いつもお元気でしたのに、このようなことになり、ことばもございません。奥様には、教えていただくことばかりで、ご厚意にお応えすることもできないままで……。心からご冥福をお祈りいたします。

✿このたびは、まことにご愁傷さまでございます。森山さん（故人）には、いつもごやっかいになっておりましたので、今後は私がと考えておりました矢先のことでしたので、残念でなりません。

✿思いがけないことで、お慰めのことばもございません。高倉さん（故人）には、会社でいろいろとご指導をいただいて、今まで無事に勤めてこられましたのに、満足なお礼も申し上げられないままで……。せめて心からご冥福をお祈りいたします。

ここがポイント

◆忌みことばを口にしやすいケース

故人に何かとお世話になっていた弔問客は、つい「お世話になりながらなんのお返しもできなくて……」と言いがちです。

しかし、その表現の〝返す〟は、忌みことばのひとつです。

あまり気にしなくてもよいかもしれませんが、もし可能なら言い替える工夫をしましょう。上の四つの文例は、いずれもその〝言い替え例〟です。

代理として弔問した場合

◆このたびは、まことにご愁傷さまでございます。私は、会社で山田課長（故人）にお世話になっておりました岡田隆の妻の明子と申します。本人があいにく出張中でございますので、私が代わりに参りました。戻り次第、焼香にうかがいますが、本日のところはお許しください。

◆初めてお目にかかりますが、私は短歌会で安田先生（故人）にご指導をいただいておりました桑原千鶴子の息子で、昇太と申します。母の体調がすぐれませんので、私がうかがいました。このたびのこと、心からお悔やみ申し上げます。

◆このたびは、突然のことで、心からお悔やみ申し上げます。大学時代からご主人と親しくさせていただいていた土屋幸平の妻の雅子と申します。本人が海外出張中ですので、代わって私がうかがいました。幸平も大変悲しんでおります。

◆このたびは、まことにご愁傷さまでございます。○○株式会社営業課長の加藤と申します。社長はただ今九州に出張しておりますので、私

ここがポイント

◆自己紹介をする

本来弔問するはずの人の代理としてうかがうときは、必ず自己紹介をして、弔問するはずの人との関係もはっきりと伝えるようにします。

◆代理の理由を伝える

代理人は、代理の理由を簡潔に伝えることが必要です。また、通夜は無理でも葬儀・告別式には出席可能であるときは、その旨も言い添えます。

なお、持参する香典の名義は本人の名とし、記帳する場合は本人名の下に小さく「代」と書き添えます。

が参上いたしました。社長は、ご葬儀にはぜひうかがうとのことでございます。

手伝いを申し出るとき

✿このたびは、まことに残念なことになりまして、心からお悔やみを申し上げます。何かお手伝いをさせていただければと存じますので、ご遠慮なくおっしゃってください。

✿このたびは、まことにご愁傷さまでございます。お気持ちをお察しいたします。近所ですから、お手伝いできることがありましたら、なんなりとお申しつけください。

✿本当に突然、思いもよらぬことになってしまって……。お慰めのことばもございません。奥様（故人）に大変お世話になっておりましたので、せめてお手伝いをさせていただければと存じます。

✿このたびのご不幸、まことに残念です。心からお悔やみを申し上げます。妻もすぐに参りますが、もしご迷惑でなければなんでもお手伝いさせていただきますので、どうか申しつけてください。

ここがポイント

◆通夜の手伝いは、遺族の指示に従って

手伝いを申し出るのが適当なのは、故人か遺族と親しい間柄の人です。遺族から「お願いします」と言われたら、自分勝手に動き回らずに、必ず遺族や世話人の指示に従い、過不足なく働くようにしましょう。

すでに手が足りているからと断られたときは、素直にそれに従います。

「もし、あとで人手が必要になったら、いつでもご遠慮なく……」と言い添えるようにすれば、なおよいでしょう。

故人との対面を勧められたとき

✿ありがとうございます。では、お別れをさせていただきます。

✿どうもありがとうございます。それでは、ひと目お目にかかって、お別れを申し上げます。

✿お心づかい、ありがとうございます。ただ、あまり突然のことで心が乱れておりますので、ご遠慮させていただきます。

✿申しわけございません。ご生前のお姿だけを思い出にとどめたく存じますので、お心づかいだけいただくことにさせてください。

故人との対面を終えたら

✿どうも、ありがとうございました。

✿安らかなお顔でした。どうもありがとうございました。

✿ありがとうございました。穏やかなお顔で、心を落ち着けてお別れをさせていただくことができました。

ここがポイント

◆弔問客側から対面を申し出るのはマナー違反

故人との対面が許されるのは、遺族側から勧められたときだけです。どんなに親しくても、弔問客のほうから申し出るのは失礼に当たります。

また、対面する際に故人の顔が白布で覆われているときは、遺族がはずしてくれるのを待ちましょう。自分で扱ってはいけません。

★まるで眠っていらっしゃるような、いいお顔でございますね。心からお別れを言わせていただきました。ありがとうございました。

通夜の途中で帰るとき

★本日は、やむを得ない事情がございまして、ここで失礼させていただきます。

★申しわけございませんが、今日はこのへんで失礼させていただきます。おつらいこととは存じますが、どうかお力落としのないように……。

★本日は、所用がございますので、お先に失礼をさせていただきます。くれぐれもお疲れの出ませんように……。

★失礼とは存じますが、今日のところはこのあたりで……。先ほどは故人と対面をさせていただき、まことにありがとうございました。改めてご冥福をお祈り申し上げます。

★申しわけありませんが、本日はこれで失礼いたします。明日のご葬儀には、改めてお別れに参りますが、もう一度お焼香をさせていただいてよろしいでしょうか。

ここがポイント

◆中座するときは、タイミングを見計らって

通夜を中座するときは、タイミングを見計らうことが大切です。読経の最中には席を立たないようにしましょう。また、先方にひと言挨拶をしますが、必ずしも喪主に直接声をかける必要はありません。状況をよく見て、喪家側のだれかに伝えればよいのです。

◆中座の理由は不要

中座する際に、なぜ途中で帰るかを説明する必要はありません。挨拶は短く伝え、目立たないように退出しましょう。

遺族の返礼のことば

一般的な返礼のことば

- 本日は、早速お悔やみをいただき、ありがとうございます。
- 本日は、ご丁寧なお悔やみをいただき、恐れ入ります。
- お忙しい中をわざわざお越しくださいまして、ありがとうございます。よろしくお願いいたします。
- ご丁重なお心づかいをいただき、ありがとうございます。市川様のお顔を拝見して、ほっとした気持ちになりました。
- 早々《はやばや》とお運びくださいまして、本当にありがとうございます。あなたに来ていただいて、心強いかぎりです。
- 遠路をわざわざお越しいただきまして、ありがとうございます。健一（故人）も心から感謝していることと存じます。本日は、お時間の許すかぎりおつき合いください。

ここがポイント

◆通夜ぶるまいの席では喪主が返礼のことばを

通夜に駆けつけてくれる弔問客の多くは、故人と関係の深かった人ですから、遺族は誠意を持って応対することが大切です。

通夜ぶるまいの席を設けた場合は、喪主や喪家側の人が飲食中の弔問客の間を回って、簡潔で丁重な返礼のことばを述べるのが慣例になっています。

その場合の参考にしていただくために、ここではケース別の返礼のことばを紹介してあります。

故人の仕事関係者に対して

- 本日は、お忙しい中をお運びいただき、ありがとうございました。
- 本日は、ご多用のところをお越しいただきまして、ありがとうございます。夫（故人）が、生前に大変お世話になりました。
- ご丁寧なお悔やみを頂戴し、本当にありがとうございます。社長様（部長様など）にお越しいただいて、正也（故人）もさぞ感謝していることと存じます。
- 本日は、ありがとうございます。父（故人）が生前にいろいろとお世話になったことと存じます。故人に代わりまして厚くお礼申し上げます。
- 本日は、お忙しい中を○○部の皆様にお運びいただきまして、本当にありがとうございます。故人も、どんなにか喜んでいることと存じます。私からもお礼申し上げます。
- 早々とお運びくださいまして、ありがとうございます。闘病中から何かとお心づかいをいただきまして、本人もどれだけ心強かったかしれません。改めてお礼申し上げます。

ここがポイント

◆弔問客と故人との関係に応じた挨拶を

ひと言に仕事関係者といっても、上司・同僚・部下・取引先など、故人との関係はさまざまです。したがって、その〝関係〟を踏まえてことばを選ぶようにしたいものです。

ただ、その〝関係〟がはっきりわからないケースもありますから、そのときは上の四番目に記したような返礼をすると、当たりさわりがありません。

故人の友人に対して

◆山本さん、今日はわざわざありがとうございます。達哉（故人）が生前にいろいろとお世話になりました。改めてお礼申し上げます。

◆高野さんに来ていただいて、北沢（故人）もきっと喜び、とても心強く感じていることと思います。

◆こんなことになってしまいましたが、あまり苦しまずに逝きましたのが、せめてもの救いだと思っております。本日は、どうもありがとうございます。

◆今日は、本当にありがとうございました。それなりに覚悟はしていたのですが……。入院中は、何度もお見舞いいただき、お心づかいをいただきまして、改めてお礼を申し上げます。

◆早速ご弔問をいただきまして、ありがとうございます。回復したら、小坂さん（弔問者）と○○川へ鮎釣りに行くんだと言っておりましたのに、残念な結果になってしまって……。

◆今日は遠方からわざわざ来ていただき、ありがとうございます。突然

ここがポイント

◆心を共にする姿勢で応対する

故人と親交のあった人の悲しみは、遺族の悲しみとは少し異質かもしれませんが、同様に深いものであるはずです。ですから「心を共にする」というような心づもりで、誠意ある応対をするようにしましょう。

◆少し詳しく伝えることも考慮する

入院中や臨終の様子などは、一般の弔問客にはあえて伝えなくてもよいのですが、故人と親交のあった人には、手短に伝える配慮をしてもよいでしょう。

のことで、私どももまだ信じられない思いです。

遺族の友人・親戚に対して

★早々と駆けつけてくださって、本当にありがとう。急なことで、気持ちが整理できないでいましたが、あなたのお顔を見て少し落ち着きました。

★あなたの顔を見たら、なんだかほっとしました。でも、しっかりしなくては……。ご都合がよければ、今日は最後までおつき合いいいただけると心強いのですが……。

★遠くから、どうもありがとう。突然のことで驚かれたでしょう。私もまだ信じられなくて、頭の中が混乱しています。

★今日は、どうもありがとう。あなたがずっと励ましてくださったお陰で、最期《さいご》を私なりにしっかり見届けることができました。

★すぐに来てくださって、本当にありがとう。正直なところ、まだ悪い夢の中にいるような気がして……。甘えるようですが、いろいろと力になってくださいね。

ここがポイント

◆甘えてもよいが限度を心得て

弔問は、すべて弔意を表わすために行なわれるものですが、残された遺族の友人や親戚の場合には、遺族を慰め励ましたいという気持ちも強いはずです。お悔やみのことばにも、それが表われていることでしょう。

遺族は、そんな気持ちに多少甘える形で、表向きではない心情を素直に吐露してもかまいません。ただ、取り乱すほど〝素直〟になりすぎるのは感心できません。相手が安心できるような言動が必要です。

故人が高齢だった場合

- ご丁寧なお悔やみをいただきまして、まことにありがとうございます。年が年だっただけに覚悟はしていたのですが、長年の連れ合いに先立たれると、やはりせつないものです。
- お忙しい中をお運びくださいまして、ありがとうございます。安らかな最期《さいご》でしたのが、せめてもの救いでございます。
- 本日は、ありがとうございます。昨年、卒寿をすませることができましたので、天寿を全うすることができたと思って、なんとか気持ちを落ち着かせております。
- 本日は、どうもありがとうございます。眠るようにして逝きました、最期までだれにも迷惑をかけずに……。祖母（故人）らしい生き方を全うしたのだと思っております。
- 遠路、わざわざお運びくださいまして、本当にありがとうございます。生前は何かとお気づかいをいただきまして、お陰さまで充実した晩年だったと存じております。故人に成り代わってお礼を申し上げます。

ここがポイント

◆「天寿を全うする」ということばの使い方は

高齢の人が亡くなったときに、遺族側ではよく「天寿を全うしたのだから……」という表現をします。

このことばだけを用いると、「めでたいこと」というニュアンスが残って、聞く側としては疑問を感じる人もいるでしょう。

したがって、その表現のあとに、「自分を落ち着かせる」「せめてもの救い」などのことばを添えるようにしましょう。

◆本日は、ありがとうございます。生前、畳の上で死にたいと申しておりましたが、それを果たしてやることができました。本人なりに満足して逝くことができたかと存じてはおりますが……。

早すぎる死去だった場合

◆早速お悔やみをいただきまして、ありがとうございます。これも天命なのだと自分を納得させようとしているのですが……。

◆お忙しい中をお運びくださいまして、ありがとうございます。突然のことで、心の整理ができませんが、なんとかしっかりしなくてはと、自分に言い聞かせております。

◆本日は、わざわざお越しくださいまして、ありがとうございます。二十数年の人生でしたが、皆様との楽しい思い出をいっぱい抱いて逝くことができましたので、本人もそれなりに納得しているのではと存じます。高橋様（弔問者）には改めてお礼申し上げます。

◆短いなりに精一杯に生きた毎日でしたから、和也（故人）はふつうの方の一生分と同じだけ生きたのではないかと思っております。

ここがポイント

◆無念な気持ちの表現はほどほどに

故人が若いうちに他界した場合は、遺族の心には無念な思いが残るものです。それが思わず口をついて出ることもあるでしょう。

それは自然な心の吐露ですから、かまいません。

ただ、あまり言いすぎると、自分だけでなく周囲全体が重い雰囲気になり、弔問客の心配も募ることになります。無念さの表現はほどほどにして、弔問客が心配しないようにしたいものです。

代理の弔問客に対して

★ご丁寧なお悔やみをいただき、まことにありがとうございます。石倉様にくれぐれもよろしくお伝えください。

★わざわざお運びくださいまして、ありがとうございます。竹内様には、お心づかいをいただき本当に感謝しております、とお伝えください。

★本日は、ありがとうございます。山本様には生前に大変お世話になりました。本人に代わって心からお礼を申し上げます。

★わざわざご足労いただきまして、ありがとうございます。最期《さいご》は眠るように逝きましたので、それがせめてもの救いと存じております。その旨、藤本様にお伝えください。

故人との対面を勧めるとき

★ご丁寧なお悔やみ、ありがとうございます。入院中には何度もお見舞いをいただきまして、本人もどれだけ慰められましたことか……。寝

ここがポイント

◆代理の人が報告しやすいような表現を

代理で来た弔問客は、先方に通夜のことを報告しなければなりません。

弔問するはずの人との関係や、代理人を向かわせざるを得なかった理由を考え合わせながら、代理の人へ伝言を託すような答え方を心がけましょう。

通りいっぺんのことばだけでは、代理の人がどう報告したらよいか困ってしまいます。

顔にも、それが表われているような気がいたします。よろしかったら、ひと目会ってやってください。

★遠路お越しくださいまして、本当にありがとうございます。病《やまい》との苦闘に明け暮れていましたが、今はとても安らかな表情をしております。ほっとしているのかもしれません。できましたら、穏やかな顔を見てやっていただけませんか。

★早々とご弔問いただき、ありがとうございます。あなたのお顔を拝見して、気持ちが少し落ち着きました。本人も、きっと喜んでいるでしょう。ひと目だけでもお会いくださいますか。

★お忙しいところをお越しいただき、ありがとうございます。昨日の早朝、突然のことでしたので、私どももそうですが、本人も残念だったと思います。ひと目会って、お慰めいただけますか。

★遠い中を駆けつけてくださって、本当にありがとう。本人もどれだけ喜びますことか……。どうか、早速会ってやってください。

★本日は、ありがとうございました。文哉（故人）は、あなたとの思い出を大切に胸にしまって旅立ったのだと思います。よろしかったら、ひと目、会ってやっていただけますか。

ここがポイント

◆対面していただくときの遺族側の対応

故人と親しかった人に故人との対面を勧めたら、弔問客が故人の顔を覆っている布を自分で取りはずすことはできませんから、遺族がそれを行ないます。

布を持ち上げるときは、顔の下のほう（あご側）から行ないます。布はおよそ三分の二程度持ち上げるようにします。

対面が終わったら、弔問客に対して、改めてお礼の気持ちを伝えます。

手伝いを申し出られたとき

◆どうもありがとうございます。本当に助かります。よろしくお願いいたします。

◆どうもありがとう。何をどうしたらよいか、頭が混乱してしまっていますが、おことばに甘えさせていただきます。

◆助かります。本当にありがとう。今、弟の嫁がいろいろと動いてくれていますから、できればその手助けをお願いしたいのですが……。

◆ありがとうございます。ただ、身内の者が何人もおりますので、お気持ちだけ、ありがたく頂戴いたします。

◆ご親切に、ありがとうございます。でも、今のところ手が足りているようですので、なんとかなるかと思います。お気づかいいただき、感謝いたします。

◆恐れ入ります。今のところ大丈夫ですが、通夜の後のおもてなしのときに、少しお手伝いいただければ助かります。のちほど、改めてお願いの声をかけさせていただきます。

ここがポイント

◆手伝ってくれる人には世話役を紹介する

親しい人が手伝いを申し出てくれたときは、その必要があれば、ありがたく好意を受けましょう。

具体的なことは世話役が取り仕切っていますから、その人を紹介して手伝いの内容を決めてもらいます。

世話役を通さずに頼み事をすると、混乱のもとになります。

世話役が遺族に代わって応対するとき

★（受付で）　わざわざお運びくださいまして、まことにありがとうございます。どうぞ、中へお進みください。

★（受付で）　お忙しい中をおいでいただき、ありがとうございます。遺族に代わりましてお礼申し上げます。

★（供物を渡されたとき）　ご丁寧なお心づかいをいただきまして、ありがとうございます。早速ご霊前に供えさせていただきます。

★（名刺を渡されたとき）　中島様、確かにお預かりいたします。本日はお忙しい中を本当にありがとうございます。

★本日は、ありがとうございます。故人の職場の同僚でございますが、遺族に代わりまして、お礼申し上げます。遺族は故人に付き添っておりますので、よろしくお願いいたします。

★（故人の親友に対して）　早々とお越しいただき、本当にありがとうございます。故人も心待ちにしているかと存じますので、どうかよろしくお願いいたします。

ここがポイント

◆遺族側の一員としての心がまえで臨む

世話役は、遺族との血縁がどうあれ、遺族側の人と見なされます。ですから、その立場で弔問客と応対します。「ご遺族の方は」「こちらの奥様は」など、遺族に対して敬語を用いてはいけません。

◆無用のことを口にしてはいけない

遺族側に立つとはいっても、遺族ではない人の場合は、臨終や闘病の様子などを口にすることは控え、過不足のない受け答えをするように心がけましょう。

世話役に対することば

〈事前に〉

- お手数をおかけいたします。快くお引き受けいただきまして、本当にありがとうございます。
- 面倒な役をお申し出くださって、本当に助かります。万事、よろしくお願いいいたします。

〈通夜の合間に〉

- お陰さまで滞りなく進んでおります。本当にありがとうございます。
- 本当に助かっております。心強く存じます。

〈通夜の終了時に〉

- 本日は、お陰さまで滞りなくすますことができました。ありがとうございました。
- お力添えをいただき、本当にありがとうございました。お陰さまで、なんの支障もなく過ごすことができました。お疲れのこととは存じますが、明日の葬儀のほうも、なにとぞよろしくお願いいいたします。

ここがポイント

◆世話役に対する心配り

世話役には、葬儀全般にわたって面倒なことをお願いすることになります。できるだけ世話役が動きやすいように、遺族は次のような心配りをしましょう。

①葬儀社の人も交えて、しっかりとした事前の打ち合わせをしておく。

②人手が足りなくならないように配慮する。

③一度依頼したら、すべてを任せてあれこれ口出しをしない。

第3章

通夜での喪家側の挨拶

挨拶をする人が心得ておきたいこと

通常は通夜の後に喪主が謝辞を述べる

通夜は本来、近親者や故人とごく親しい人たちだけで営むもので、それ以外の人は葬儀か告別式に参列するのが慣例でした。そのため、通夜では喪主が改まって挨拶をするということはあまりありませんでした。

しかし最近では、日取りや時間の都合などで、仕事関係者なども通夜に参列して焼香をすませることが多くなっています。そのようなことから、喪主が通夜で謝辞を述べるケースが増えてきています。

喪主の挨拶は、通夜ぶるまいに先立って行なう場合と、お開きに際して行なう場合があります。また、喪主が初めに謝辞を述べて、世話役代表がお開きの挨拶をするというケースもあります。いずれの方法をとるかは、通夜の進め方にもよりますが、葬儀社と相談して決めるとよいでしょう。

なお、一般の弔問客が、通夜の読経の最中に焼香をして順次引き上げていく形式の通夜では、喪主の挨拶はあえて行ないません。

通夜での謝辞の内容と構成のしかた

喪主が行なう通夜での謝辞は、主に次のような要素で構成します。

①**感謝のことば**……弔問に来ていただいたことへのお礼と、故人が生前にお世話になったことに対するお礼のことば。

②**死去の報告**……いつ、どこで、なぜ死去したのか、故人の最期《さいご》の様子、享年何歳かなどを

盛り込む。ただし、自然死以外の自殺や変死などの場合は、触れなくてもよい。

③葬儀・告別式などの案内……通夜ぶるまいの席を用意している場合はその旨を伝え、葬儀・告別式の日時や場所を告げる。

そのほか、故人の人柄をしのぶことばや、日ごろの生活ぶりを織り込んだり、遺族に対する今後の支援を願うことばを添えることもあります。

ただし、どのような場でのスピーチにもいえることですが、長い話は禁物です。聞く人の印象に残る味わい深い挨拶をするには、要領よく、短くまとめることが重要です。

できるだけ落ち着いて挨拶を

喪主は、故人の代理として弔問を受ける立場にあります。したがって、挨拶も故人に代わって行なうものです。悲しみのあまりことばにならないこともあるでしょうが、泣き崩れるようなことは慎みましょう。

喪主がとり乱すと、弔問客に心理的な負担をかけてしまいますから、つとめて冷静に、丁寧な挨拶をするのが礼儀です。

喪主が挨拶に立てないような精神状態の場合は、無理に〝喪主〟にこだわる必要はありません。親族代表か世話役代表などが代わって挨拶をすることも考えましょう。

原稿を作って準備しておきたい

いろいろな手配や応対で取り込んでいるときではあっても、礼を尽くした挨拶をするには、それなりの準備が必要です。

合間を見て原稿を作り、練習をしておきたいものです。これは、乱れている心を少しでも静めるという効果もあります。

時間的にそれが無理な場合は、話すべき要点を記したメモだけでも事前に用意しておきましょう。

基本スタイル①

通夜ぶるまいの前に

① お 礼	② 死去の報告	③ 心境など
本日は、お忙しい中を父・山下英雄の通夜にお運びくださいまして、ありがとうございます。生前に父が賜りました数々のご厚誼に対しましても、本人に成り代わりまして心からお礼申し上げます。	父は、一昨日の午前五時三十五分に、膵臓がんのため県立○○病院で他界しました。享年六十七歳でした。 父の闘病生活は、正直申しますと、決して楽なものではありませんでした。しかし、病院での適切な鎮痛治療が功を奏しまして、この病気としては比較的苦痛も少ないまま逝くことができましたので、それが私どもにとってはせめてもの救いでした。	父が穏やかな最期を迎えることができたのは、皆様から温かいお励ましをいただいたお陰だと存じます。改めて皆様に感謝申し上げますとともに、今後とも変わらぬご支援を賜りますようお願い申し上げます。

① お礼のことば
出席へのお礼を述べることが基本。生前の交誼への感謝は、挨拶の後のほうで述べてもかまいません。

② 死去の報告
亡くなった日時と年齢を報告します。さしつかえなければ、死因や闘病中の様子などもごく簡潔に述べます。

③ 心境など
故人への思い、支えてくださった人たちへの感謝、今後の交誼のお願いなどですが、一部を省略してもかまいません。

④ 案 内	⑤ 結 び
なお、葬儀・告別式は、明日二月八日午前十一時より、当寺院の斎場にて行なうことになっておりますので、ご都合がよろしければご会葬くださいますよう、よろしくお願い申し上げます。	では、ささやかながら酒肴の用意をいたしましたので、故人をしのびながらお召し上がりいただければと存じます。 本日は、まことにありがとうございました。

④案 内
葬儀・告別式の日時と場所を伝えます。

⑤結 び
お礼のことばで締めくくります。通夜ぶるまいの案内は、④の冒頭で述べることもできます。

ひと言アドバイス

① 簡潔にまとめる

通夜で行なう挨拶は、告別式の後の出棺時の挨拶と基本的には同じです。しかし、通夜は告別式ほど厳粛な儀式ではありませんから、それほど形式を重視する必要はありません。

忙しい中を駆けつけてくださったことに対する感謝の気持ちを十分に伝えることを念頭に置いて、簡潔にまとめましょう。

② みずから悲しみをあおらない

故人の最期の様子などを報告するときは、弔問客が耳にしてつらくなるような話は避け、故人が安らかに旅立てるような話題を選びましょう。

これは、喪主自身のためにも大切です。挨拶をしている途中で新たな悲しみがこみ上げてきて、挨拶が支離滅裂になったり、絶句したりしては、聞く人に対して失礼になります。

基本スタイル②

通夜ぶるまいの終了時に

① お　礼	② 死去の報告	③ 現在の心境など
皆様、本日はご丁重なお悔やみをいただき、故人をしのぶお話なども聞かせていただきまして、本当にありがとうございました。また、私ども遺族に対しましても、温かい励ましのおことばをたくさんいただきました。併せてお礼を申し上げます。	すでにお聞き及びのことでしょうが、妻の弓子は、十月二十日午後十一時過ぎに倒れまして、市立○○病院に運ばれましたが、意識を取り戻すことなく、翌朝に息を引き取りました。享年七十五歳でした。	二年後には喜寿のお祝いをするつもりでおりましたし、女性の平均寿命が八十三歳といわれる時代ですから、正直なところ早すぎるという思いがいたします。しかし、皆様から妻とのいろいろな思い出話を聞かせていただいているうちに、弓子なりに充実した、納得のできる人生を全うできたのだ、という気がしてまいりました。故人に対する皆様のこれまでのご厚情に、心からお礼申し上げます。

① お礼のことば
通夜に参列してもらったことへのお礼のほか、お悔やみのことばに対する謝意も述べます。

② 死去の報告
通夜ぶるまいの席で個人的に話したとしても、ここで改めて全員に報告しましょう。

③ 現在の心境など
故人の人柄や生活ぶりなどに触れ、遺族としての心境をひと言添えましょう。

④案　内	⑤結　び
葬儀・告別式につきましては、明日朝十時三十分から、当所にて執り行ないますので、ご都合がよろしければお見送りくださいますようお願い申し上げます。	さて、夜も更けてまいりましたので、そろそろお開きということにさせていただければと存じます。どうか、足元にお気をつけてください。本日は、まことにありがとうございました。

④案　内
葬儀・告別式の日時と場所を伝えます。

⑤結　び
終了を告げることばとお礼のことばを中心に、短くまとめます。

ひと言アドバイス

①喪主以外の人の場合は自己紹介を
通夜での挨拶は喪主が行なうのが本筋ですが、喪主が心労のあまり話ができない状態のときや、喪主にあたる人が高齢者や年少者の場合は世話役代表（親戚代表）が代わってもさしつかえありません。

また、通夜ぶるまいの前に喪主が謝辞を述べ、世話役代表が終了時に挨拶をするというケースもあります。

喪主以外の人が挨拶に立つ場合は、冒頭で「故人の叔父の○○と申します」のように、故人との関係を含めた自己紹介をすることが必要です。

②遺族は弔問客の見送りをしない
お開きのあと、弔問客が帰る際には、遺族は玄関まで見送らないのが慣例です。席に着いたままお礼を述べるか、目礼だけにします。

喪主の挨拶

父を亡くした息子として（故人＝70代・病死）

弔問客へのお礼　本日は、お忙しい中をお運びくださいまして、本当にありがとうございました。亡き父もさぞ満足していることでしょう。

死去の報告　父・西田信一郎は、病を得て約半年、懸命の治療も及ばず、八月三日に他界いたしました。七十三歳の誕生日を迎えて間もなくでした。入院中は、皆様からお見舞いや激励のおことばをいただき、父も心から感謝しておりました。改めてお礼申し上げます。

案　内　なお、葬儀・告別式は、明日午前十時から当寺の斎場で行ないますので、お時間がございましたらご会葬くださいますようお願い申し上げます。

結　び　別室にささやかですが、酒肴の席を設けてございます。どうぞごゆっくり召し上がりながら、父をしのぶお話などを聞かせていただきた

ここがポイント

◆生前の交誼への感謝のことばを添える

通夜の喪主の挨拶では、突然の出来事にもかかわらず弔問していただいたことへの感謝のことばが中心になります。

弔問に訪れた人は、故人と親交のあった人がほとんどですから、生前の交誼に対するお礼のことばも添えます。

病死の場合は、闘病中に受けたお見舞いや励ましに焦点を当てて、謝意を表わしましょう。

いと存じます。
皆様、本日はまことにありがとうございました。

老母を亡くした息子として（故人＝90代・老衰死）

弔問客へのお礼　本日は、ご丁重なお悔やみをいただきまして、まことにありがとうございます。また、生前に賜りました数々のご厚誼に対し、母に成り代わりまして心からお礼申し上げます。

死去の報告　母・紀子は、一昨日の早朝、眠りから覚めることなく、静かに亡き父の待つところへ赴きました。享年九十七歳でした。

心境など　皆様もご存じのように母は大変気丈で、人に迷惑をかけたくないと、いつも口にしておりました。最期まで自分の生き方を貫いた人だと存じます。思い出もたくさん残してくれました。

結　び　別室にささやかな席を用意してございます。にぎやかなことの好きな母でしたので、故人をしのびながらお時間を過ごしていただければと存じます。
本日は、まことにありがとうございました。

こんな表現法もある

【高齢で亡くなった場合】
●父は、数多くの思い出を残して他界しました。大往生だったと言えると思います。
●母は痴呆《ちほう》もだいぶ進んでいて、手がかからなかったといえばうそになりますが、母の子どものように愛らしい表情を見ると、いつまでも生きていてほしいと願わずにはいられませんでした。
●長寿の時代になりましたが、母がひ孫の成人式を見届けることができたことはまれなことと申せましょう。

母を亡くした娘として（故人＝60代・病死）

弔問客へのお礼　大林晶子の長女・真由美でございます。本日はお忙しい中をご弔問くださいまして、ありがとうございます。

死去の報告　母は、一昨日の午前十時十五分に、○○病院で胃がんのために息を引き取りました。六十一歳でした。

心境など　早くに父を亡くした私を、母は懸命に、そして大切に育ててくれました。娘を育て、孫の面倒をみて、あっという間に逝ってしまいました。親孝行のまね事さえ、ほとんどさせてくれませんでした。それが本当に心残りです。でも、皆様の温かいご支援やご厚誼をいただいたからこそ、母は走り続けることができたのだと思います。母は、皆様にお礼らしいお礼も申し上げていないかもしれません。私から厚くお礼を申し上げます。

結　び　心ばかりですが食事の用意をいたしましたので、召し上がっていただければと存じます。お席で、忙しいばかりだった母の、また違った面などもお聞かせくださいませ。本日は、ありがとうございました。

ここがポイント

◆**特定の人だけを対象にした表現は避ける**

弔問客の中には、社会的地位の高い人や、故人の大恩人がいるかもしれません。そのような人は大切に扱いたくなるものですが、だれに対しても平等に接するのが礼儀です。

通夜に出向いて故人の死を悼むという心は、だれもが同じだからです。挨拶の中でも、たとえば「○○様をはじめ皆様には……」といった〝特別扱い〟は、避けるようにします。

働き盛りの夫を亡くした妻として（故人＝40代・事故死）

弔問客へのお礼　本日は、お運びいただきありがとうございました。

死去の報告　夫は昨日の早朝、不慮の事故に遇い、四十三歳の若さで帰らぬ人となりました。事故の原因などを本当はきちんとご説明しなければならないのですが、申しわけございません。今はお許しください。

心境など　先月、こんなことがございました。あの仕事人間の夫が、急にキャンプに行こうと言い出したのです。連休で道路も込んでいるのであまり気乗りはしなかったのですが、結局、とても楽しい二泊三日を過ごすことができました。夫には虫の知らせでもあったのでしょうか、最後の思い出づくりをしてくれたような気がしてなりません。

私も二人の子どもたちも、夫が他界したことがまだ信じられません。皆様のお力をお借りしてこれからのことも考えなければなりません。どうかご指導のほど、よろしくお願いいたします。

結び　別室に簡単な席を用意してございますので、召し上がりながら夫の霊を慰めていただければと存じます。ありがとうございました。

ここがポイント

◆前向きな表現を

働き盛りの夫を亡くした妻にとって、その現実はこのうえもなくつらいことです。今後の生活の不安も計り知れません。そのことは、弔問客にも十分わかっています。

ですから、挨拶ではそんなつらい立場であることをことさら強調するような表現は控えるべきです。

それよりも、今後に向けて、支援を願うことばや、遺族が力を合わせて生きていくといった決意など、できるだけ前向きな表現を心がけましょう。

高齢の夫を亡くした妻として（故人＝80代・病死）

弔問客へのお礼　皆様、本日はお寒い中を夫・道夫の通夜にご弔問くださいまして、本当にありがとうございました。

死去の報告　夫は、二月三日の深夜、自宅で家族に見守られながら永眠いたしました。本人のたっての希望によりまして、一か月ほど前に病院の許可を得て退院し、そのまま最期を迎えることになりました。

心境など　夫は、多くの趣味を持ち、好きなだけ旅行をし、好きなだけ飲んで食べて、そして病に倒れても願いどおりわが家で生涯を終えることができたのですから、何も思い残すことはなかったでしょう。ただ「おまえの死に水はおれがとってやる」というのが口癖でございましたから、それだけは心残りだったかもしれません。そんな夫に長い間おつき合いいただきまして、本当にありがとうございました。

案　内　葬儀・告別式は、明日午後一時三十分から、市内○○町の玄清寺で行ないますので、ともにお見送りいただければ幸いに存じます。

結　び　別室にささやかですがお清めの席を用意いたしましたので、

ここがポイント

◆死去の報告は、弔問客を安心させる表現に

　弔問客は、故人の最期の様子を気にしています。家族に看取ってもらうことができたのか、苦しまなかったかなど、他人でも心配しているものです。その気づかいに応えるためにも、死去の報告をするときは、弔問客を安心させるような表現を心がけましょう。

　ただ、壮絶な死を遂げたときは、無理にありのままを伝える必要はありません。いつ、なぜ亡くなったか、何歳だったかを、客観的に報告すれば十分です。

供養としてお召し上がりいただければと存じます。
本日のご弔問、本当にありがとうございました。

妻を亡くした夫として（故人＝50代・急死）

弔問客へのお礼　皆様、ご多用のところをご丁寧なお悔やみをいただきまして、まことにありがとうございました。

死去の報告　妻は、早朝のジョギングの最中に心不全を起こしまして、病院に運ばれましたが、意識を回復しないまま他界いたしました。急なことで、私も臨終には間に合いませんでした。享年五十三歳でした。

心境など　妻との別れがこんなに早く、こんな形で訪れようとは、思ってもみないことでした。ただ、下の子も昨年に成人式をすませて就職し、母としての役割は十分に果たしてくれましたから、それでよしとするほかないと自分に言い聞かせております。

結び　皆様、お粗末なものですが食事の用意をいたしましたので、召し上がりながら、妻をしのんでくださればと存じます。
本日は、わざわざお運びいただき、ありがとうございました。

こんな表現法もある

【急死の場合の心境の表わし方】

- 不意の出来事で、いまだに信じられません。
- あまりにも急なことで、何もしてやることができませんでした。本当に残念です。
- 故人がなぜこのように生き急いだのか……、正直なところ、私はまだ気持ちの整理がつかないでおります。
- 思いもよらないことで、とても現実のこととは思えません。

息子を亡くした父として（故人＝10代・自殺）

弔問客へのお礼　本日は、長男・純一のためにお悔やみをいただきまして、ありがとうございました。

心境など　あまりにも突然のことで、どうしてこのようなことになってしまったのか……、無念としか今は申しようがございません。親として息子の胸中を、苦しみを、どうして察してやれなかったのかと、悔やんでおります。今後の私の生涯をかけてその理由を推し量り、冥福を祈ってやるしかありません。

息子と親しくしてくださった皆様には、本人に成り代わって心からお礼を申し上げます。同時に、皆様のかけがえのない命をどうか大切にしていただきたく、今日のこの悲しみのすべてをかけて、深く深くお願い申し上げます。

結　び　あちらに、形ばかりの席を用意いたしました。クラスメートの皆さんの席もございますので、息子をしのんでやっていただければと存じます。今日は、まことにありがとうございました。

ここがポイント

◆**死去の報告を省いてよいケースもある**

死因が「自殺」である場合は、たいていはその事実を弔問客が知っていますから、述べたくなければ省略してもかまいません。

◆**身内が自殺したことを、恥じる表現は不要**

世間体が気になるかもしれませんが、恥ずかしいという意味の表現は不要です。ただし、各方面に迷惑をかけたときは、お詫びのことばを添えることが必要です。

娘を亡くした父として（故人＝20代・病死）

弔問客へのお礼　皆様、本日はお寒い中をお運びくださいまして、まことにありがとうございます。

死去の報告　娘の病気のことは、皆様もご存じのことと思いますが、残念ながら昨日の未明に息を引き取りました。二十四歳の誕生日を、約二週間後に控えておりました。

心境など　美樹はけなげに生きた子でした。先天性の病気を抱えながら、いつも何かにチャレンジする意欲を失わない姿に、看護する私どものほうが励まされていたように思います。病気が娘を鍛えてくれたのかもしれません。病気のことを嘆いたら、娘に叱られるような気さえします。

娘は、また、皆様にも本当に支えていただきました。あの子は皆様とのすばらしい思い出を両手に持ちきれないほど持って、感謝しながら旅立ったものと存じます。本人に成り代わって厚くお礼を申し上げます。

結び　ささやかな席ではございますが、召し上がりながら、故人をしのんでやってください。どうもありがとうございました。

こんな表現法もある

【生前の交誼へのお礼】

- 娘と生前に親しくしてくださった皆様には、本当に感謝しております。
- 皆様の温かい励ましが、ともすれば暗くなりがちな娘の心を、明るくしてくれていたのだと存じます。本当にありがとうございました。
- 先生方の親身なご指導とご近所の皆様やクラスメートの皆さんとの温かい交流が、あの子を○年間生かしてくれた力の源だったのではないかと思います。改めてお礼申し上げます。

親族代表の挨拶

弟を亡くした兄として（故人＝60代・病死）

弔問客へのお礼　本日は、お忙しい中を弟の通夜にご列席いただきまして、まことにありがとうございます。父が少し疲れておりますので、故人の兄である私からひと言ご挨拶を申し上げます。

死去の報告　弟の剛志は、六月二十日の午前十一時過ぎに、○○市民病院で息を引き取りました。入院して約二か月、六十三歳でした。

心境など　年齢のわりにがんの進行が早かったそうです。告知を受けた日、「気が若いから、がん細胞も元気だったんだ」と苦笑いしていた弟の顔が忘れられません。そして弟は、でき得るかぎりの身の周りの始末をきちんとやり終えて、他界しました。

結　び　皆様からも、弟についていろいろとお聞かせいただければと存じますので、席を別室に改めましてお願い申し上げます。

ここがポイント

◆喪主が挨拶できない理由はひと言簡潔に

喪主が挨拶できない理由を述べるときに、「憔悴《しょうすい》しきっておりまして」とか「とても人前に立てる状態ではありませんので」などとあまり具体的に話すと、弔問客を心配させることになりますので、軽く触れる程度にします。

また、喪主との関係が聞く人にわかるように簡単に自己紹介をしましょう。

妹を亡くした姉として（故人＝30代・事故死）

弔問客へのお礼　皆様、本日は美幸のためにご弔問くださいまして、本当にありがとうございます。私は、故人の姉で、藤田美奈子と申します。喪主である父は体調がすぐれませんので、失礼とは存じますが、私からご挨拶申し上げます。

死去の報告・心境など　皆様もご存じのように、妹は飛行機事故で三十一歳の若い命を散らしました。遺体が収容されるまで時間がかかりましたが、身元の確認ができ、こうして自分の家に帰れたことがせめてもの救いでした。美幸にもいろんな夢があっただろうにと思うと、ふびんでなりません。

皆様には、故人が生前に大変お世話になりました。心からお礼申し上げます。

結　び　あちらにささやかな席を用意しておりますので、お召し上がりいただきながら、妹の霊を慰めていただければと存じます。今日は、本当にありがとうございました。

こんな表現法もある

【喪主が挨拶できない理由】

- 思いもよらないことで、母（喪主）の動揺がなかなか収まりませんので、失礼ながら私が代わってご挨拶を……
- 本来なら喪主の父がご挨拶申し上げるべきところですが、父はあいにく体調を崩しておりますので、私が代わりまして……
- 喪主の母は何分にも高齢でございますので……
- 喪主にあたる翔太郎は、なにぶん年少ゆえ、叔父の私が代わりまして……
- 母はあいにく床に伏しておりますので……

義父を亡くした婿として（故人＝70代・病死）

弔問客へのお礼　ひと言ご挨拶申し上げます。望月雄一と申します。喪主の義母も家内も、看病疲れや心労が重なっているため休ませておりますので、失礼をお許しください。

本日は、お暑い中を駆けつけてくださいまして厚くお礼申し上げます。

死去の報告　義理の父に当たります本田史郎は、腎不全のため、一昨日の午後九時二十分に永眠いたしました。享年七十五歳でございました。本日お越しいただいた皆様には、大変お世話になったことと存じます。故人に代わりまして、心からお礼申し上げます。

心境など　義父は、若いころから苦労してきたようですが、家族には本当にやさしい人でした。そんな人を急に失い、悔やまれてなりません。

あちらに心ばかりの席を設けましたので、皆様から故人の現役のころのお話などをお聞かせ願えればと存じます。

結　び　なお、明日の葬儀は、当所で午前十時より執り行ないますので、よろしくお願いいたします。本日は、ありがとうございました。

ここがポイント

◆つき合いの浅い人が多い席では、やや客観的に

喪主の代理として挨拶する場合は、弔問客の多くが自分をよく知らないこともあるでしょう。そんなときは、全体的にやや客観的で、落ち着いた表現をするようにします。

〝心境〟を述べることは挨拶の大切な要素ですが、つき合いの浅い人の前では、内容によっては話が浮いてしまうことがあります。

聞く人のだれもがうなずけるような故人の人柄に触れる形で、できるだけ簡潔にまとめましょう。

甥を亡くした叔父として（故人＝10代・病死）

弔問客へのお礼　皆様、本日はお忙しい中を隼人のためにご丁寧なお悔やみをいただき、本当にありがとうございました。

私は喪主の弟でございますが、兄は少々疲れが出ている様子ですので、代わってご挨拶を申し上げます。

死去の報告　甥の隼人は重い胆道閉鎖症で、入退院を繰り返していましたが、懸命の治療も及ばず、十年の短い命を閉じました。海外での臓器移植の準備も始めた矢先でしたが、間に合いませんでした。残念です。

心境など　目を閉じると、彼との思い出が次々に浮かんできます。腹水がだいぶたまっていて、さぞ苦しかったでしょうに、「叔父さんより立派なおなかだよ」と笑って見せたり……。本当に明るくて、強い子でした。あの明るさや強さは、皆様の温かい励ましのお陰で身についたものと存じます。故人と両親に代わりまして、改めてお礼申し上げます。

結び　別席に粗餐《そさん》を用意いたしました。お時間の許すかぎり、どうか隼人のそばにいてやってください。本日は、ありがとうございました。

こんな表現法もある

【通夜ぶるまいに案内するとき】

「通夜ぶるまい」という言い方は、遺族側が内輪で用いるものです。挨拶の中でその案内をするときは、次のような表現をします。

- ささやかな席を用意しましたので……
- おもてなしの用意をいたしました。
- 別室に軽い召し上がり物を用意いたしました。
- お清めの用意をいたしました。
- 茶菓の用意をしておりますので……

世話役代表の挨拶

故人の上司として（故人＝30代・殉職）

弔問客へのお礼　皆様、本日はお忙しい中を故・岩本正道君の通夜にお運びくださいまして、まことにありがとうございます。私は、世話役を務めております大山吾朗と申します。西消防署の副署長です。

死去の報告　故人のこのたびの勇敢な行動につきましては、皆様もご存じのことと思います。残念ながら、昨日の未明に息を引き取りました。

心境など　私は、死の危険を伴う行動をあえて美化しようとは思いませんが、それでもなお、岩本君のとっさの行動が、冷静な判断力と強い使命感に裏打ちされたものであることを考えますと、深い感慨を覚えずにはいられません。それだけに、悔しくてなりません。まして、ご遺族のご胸中はいかばかりかと存じます。

結　び　別室に酒肴《しゅこう》の用意をしてございます。万感の思いを込めて故

ここがポイント

◆世話役は遺族側に立つことをわきまえて

世話役は、故人や遺族との関係のいかんにかかわらず、遺族側の者と見なされます。したがって、故人や遺族に対して敬語は使うのは誤りです。

ただ、故人や遺族を呼び捨てにするのも気がひけるという場合は、「○○君」「ご遺族」などとしてもそれほど不自然ではありません。動詞についても、丁寧すぎない程度の敬語表現なら、聞く人に違和感を与えることはないでしょう。

人を見送りたいと存じます。皆様、よろしくおつき合いくださいますようお願い申し上げます。本日は、まことにありがとうございました。

故人の友人として（故人＝70代・病死）

弔問客へのお礼　ひと言ご挨拶申し上げます。私は故人の古くからの友人で、世話役を務めさせていただいている野口と申します。

本日は、お暑い中を故・平沢浩介君のためにご弔問くださいまして、まことにありがとうございます。

死去の報告　平沢君は、かねてより入院加療中でしたが、一昨日深夜に容体が急変いたしまして、昨日の午前九時十分に他界いたしました。

心境など　平沢君の高潔で温和な人柄にほれ込んだのは、私ばかりではないでしょう。まことに惜しい人に先立たれてしまいました。

ご遺族のお気持ちも、察するに余りあるものと存じます。今後は、皆様とともに、故人への恩返しのつもりで、ご遺族との交流をさらに深めていきたいと思っております。

結　び　別室に席が整いましたので、ひと時、故人をしのびましょう。

こんな表現法もある

【世話役として、遺族への支援を願うことば】

- 残されたご家族に対しまして、今後ともどうか変わらぬご厚誼をお寄せくださいますよう、お願い申し上げます。
- お子様をはじめご遺族には、これから先、なみなみならぬご苦労があるものと存じます。皆様には今後ともご支援ご高配を賜りますよう、私からもお願い申し上げます。
- 皆様、ご遺族の方々に、故人の生前と同様のおつき合いを賜りますよう、お願いいたします。

通夜ぶるまい終了時の挨拶

喪主として（宴の冒頭で挨拶をしている場合）

弔問客へのお礼　皆様、本日はご多用の中をご参集いただきまして、本当にありがとうございました。お陰さまで、父・春男の通夜を滞りなくすませることができました。

閉めのことば　まだまだお話をうかがいたいところではございますが、皆様お疲れのことと存じますので、このあたりで閉じさせていただきたいと存じます。

案　内　なお、葬儀は、明日午前十時三十分から○○町の市立メモリアルホールで執り行ないますので、お時間がございましたら、ぜひご会葬くださいますようお願い申し上げます。

結　び　足元が暗くなっておりますので、どうかお気をつけてお帰りください。本日は、まことにありがとうございました。

ここが知りたい

◆お開きの挨拶をするタイミングは？

自宅で通夜ぶるまいを行なう場合は、どこでお開きにすればよいか、タイミングをつかむのが難しいものです。しかし、葬儀を控えているのですから、夜遅くまで引き止めておくようなことは、お互いのために避けなければなりません。

通夜は午後六～七時ごろから始まり、九時～十時ごろまでにお開きにするのが一般的ですので、それを目安にして、時間がきたらきちんと挨拶をするとよいでしょう。

喪主として（宴の冒頭で世話役が挨拶をした場合）

弔問客へのお礼　皆様、このたびは突然のことにもかかわらず駆けつけてくださいまして、本当にありがとうございました。故人も、皆様に会えてどれほど喜んでいるかしれません。故人に成り代わりまして、心からお礼申し上げる次第でございます。

心境など　こうして皆様と語り合っておりますうちに、正直なところ少なからず動転していました私どもの気持ちも、だいぶ落ち着いてまいりました。皆様の温かいご配慮に、心から感謝しております。

閉めのことば　まだご好意に甘えていたいところですが、十時を過ぎてしまいました。あまりお引き止めしてもご迷惑かと存じますので、そろそろお開きとさせていただきます。

案内　明日は、午後一時三十分より当所にて葬儀を行ないますので、よろしければ、最後のお見送りをしていただきたいと存じます。

結び　だいぶ冷え込んでまいりました。どうかお気をつけてご帰宅くださいませ。本日は、どうもありがとうございました。

ここがポイント

◆喪主としての心境をひと言添える

通夜ぶるまいに先立って喪主以外の人が挨拶をしている場合は、お開きの喪主の挨拶は比較的短くまとめてもかまいません。

ただし、終了する旨を事務的に伝えるだけでは喪主が挨拶する意味がありませんから、弔問客への感謝のことばを心を込めて述べ、現在の心境などについてもひと言添えるようにしましょう。

親族代表として

弔問客へのお礼　皆様、本日は故沼田謙一のためにお運びくださいまして、まことにありがとうございました。喪主の父親がいささか疲れておりますので、私、故人の兄から、親族を代表いたしましてひと言ご挨拶申し上げます。

心境など　謙一は豪放で快活な男でしたから、こうして皆様のにぎやかなお声を聞かせていただいて、さぞ喜んでいることと存じます。弟にまことにふさわしいひと時にしてくださいまして、本当にありがとうございました。本人に代わって厚くお礼申し上げます。喪主も、とても心強く感じていたようでございます。

閉めのことば　お話は尽きませんが、夜もだいぶ遅くなってまいりました。ご遠方の方もいらっしゃると存じますので、このへんで閉じさせていただきます。

結　び　どうか足元にお気をつけてお帰りくださいますよう。

本日は、どうもありがとうございました。

こんな表現法もある

【心境などの表現】

●皆様からいろいろな思い出話をうかがって、故人がどれだけ皆様からご厚誼をいただいていたかを改めて知りました。とてもよい供養になったことと存じます。

●故人は病床で、残される子どもたちや私のことをあれこれ案じておりましたが、皆様から親身な励ましのおことばを頂戴して、まことにありがたいと存じております。亡き夫も、どれほど安堵《あんど》しているかしれません。

世話役代表として

弔問客へのお礼　皆様、本日はご丁寧なお悔やみをいただきましたうえに、こうして故人をしのんでくださいまして、心から感謝申し上げます。

お陰さまで、通夜を滞りなくすませることができました。世話役代表として、遺族に成り代わりまして厚くお礼申し上げます。

心境など　遺族は、気丈さを失わずに事に当たっておりますが、一家の主人のいない今後は、さまざまな苦労に見舞われることと存じます。皆様の一層のお力添えこそが、遺族の大きな支えになると存じますので、なにとぞご厚誼を賜りますよう、私からもお願い申し上げます。

閉めのことば　さて、夜も更けてまいりました。あとは遺族の皆さんで守るそうでございますので、このへんでお開きとさせていただきます。

案　内　明日の葬儀は、西方寺にて午前十時から始めることになっております。お時間の都合がよろしければご会葬くださいますよう、よろしくお願い申し上げます。

結　び　本日は、ご多忙の中をまことにありがとうございました。

ここがポイント

◆遺族への支援をお願いする

世話役代表の第一の役割は、儀式の手配・進行を喪主に代わって取り仕切ることです。

したがって、挨拶では通夜を滞りなくすませることができたことについての感謝のことばを盛り込むと、役目にかなった自然な挨拶になります。

また、遺族の悲しみや今後への不安などを思いやって、遺族を励まし支援してくださるように、弔問客にお願いすることばも盛り込みましょう。

その他のケースでの挨拶

喪主として（通夜ぶるまいをしない場合）

弔問客へのお礼　本日は、急なことにもかかわらずご丁寧な弔問をいただきまして、まことにありがとうございます。故人も深く感謝していることと存じます。本人に成り代わりましてお礼申し上げます。

心境など　皆様から、私ども遺族に対しまして温かい励ましのおことばをたくさん頂戴いたしました。心細い思いが、どれだけ癒《いや》されたかしれません。本当にありがとうございました。今後ともご厚情を賜りますよう、よろしくお願い申し上げます。

結び　本来ならお清めの席を用意すべきところですが、不行き届きで準備ができておりません。なにとぞご容赦のほどお願いいたします。ささやかな品をご用意しましたので、お持ち帰りいただきたく存じます。
本日は、ご多用中をお運びいただき、ありがとうございました。

ここが知りたい

◆**通夜ぶるまいを省略するときは**

突然の死去で通夜ぶるまいの都合がつかないときや、弔問客が多くて事実上できないときは、その旨を述べてお詫びをします。

用意できなかった理由は、とくに述べる必要はありません。

通夜ぶるまいをしない場合は、お清めの意味を込めて日本酒の小瓶と折詰などを持ち帰っていただくのが慣例です。

弔問客を手ぶらで帰すことは、たとえ急な場合でも失礼にあたります。

短い挨拶①（喪主として）

皆様、お寒い中を亡き夫のためにお運びいただき、まことにありがとうございました。故人も満足してくれたことと存じます。本来なら、きちんとご挨拶申し上げるべきところではございますが、心が乱れてことばになりません。失礼ながら、どうかお許しください。

あちらに清めの席を用意いたしましたので、召し上がりながら、故人をしのんでいただければと存じます。本日はありがとうございました。

短い挨拶②（世話役代表人として）

皆様、お忙しい中をわざわざご弔問くださいまして、ありがとうございました。お陰さまで、通夜も滞りなく相すみました。皆様にしばし故人をしのんでいただきたく、ささやかな食事の用意をいたしました。どうぞお召し上がりください。今日はありがとうございました。

ここがポイント

◆短くても基本的な構成は変わらない

短い挨拶にする場合も、弔問へのお礼と通夜ぶるまいの案内を中心にまとめることが必要ですから、通常の挨拶と基本的な構成は同じです。

省略するのは、心境などを語る部分です。

上例の①は、喪主として心境を語るべきなのにできない旨を断って謝罪するケース、②は、世話役として、場が湿っぽくならないように配慮したケースです。

ADVICE ●こんなことも知っておきたい

回し焼香の作法

仏式葬儀には、焼香と合掌がつきものです。これらは、故人の霊を清め、仏に帰依することを念じるための礼法とされていますから、心をこめて行ないましょう。

焼香のしかたには、ひとりずつ祭壇の前に進み出て線香を立てる方法と、香炉を順に送って抹香をたく「回し焼香」の2とおりあります。式場が狭かったり、参列者が多い場合は、回し焼香が行なわれます。

作法は宗派によって決まりがありますが、一般的な回し焼香のしかたを身につけておきましょう。

① 軽く会釈をして両手で香炉を受け取り、ひざの前に置く

② 合掌してから、抹香を親指・人さし指・中指の3本でつまみ、目の高さにおしいただく

③ 抹香を静かに香炉に落とし、合掌して一礼。次の人に香炉を回す

第4章

葬儀・告別式での会葬者の弔辞

遺族から弔辞を依頼されたら

弔辞は故人に贈る〝別れのことば〟

弔辞は、故人と親密な関係にあった人が、故人に贈る〝別れのことば〟です。故人に対するものですから、遺族や会葬者に向かってスピーチするのではなく、霊前に向かって語りかけます。

また、お祝いの席でのスピーチは、できるだけ原稿を持たずに話すことがマナーとされていますが、弔辞の場合は、巻紙などに書いたものを用意して、語り終えたらもとどおりにたたんで霊前に捧げるのがしきたりです。これは遺族の手元に残すためですから、自分にしか読めないような乱暴な書き方をしないで、形式を踏まえてきちんとしたためることが大切です（88〜91ページの下段参照）。

弔辞の構成については、定型はなく、これを書かなければならないという決まり事もありませんが、次のような要素を盛り込むのが一般的です。

①訃報《ふほう》に接したときの悲しみや驚き。
②故人の人柄や経歴、功績、エピソードなど。
③残された者としての現在の心境、今後の決意、冥福を祈ることば。
④別れのことば。

このような組み立て方が基本ですが、順序にこだわる必要はありません。②と③を入れ替えてもよく、また四つの要素をすべて盛り込まなくてもかまいません。

最近は、弔辞の冒頭で、故人の名前を呼んでから①に移るスタイルが定着しています。

個人葬では「鈴木春男君」「山田良子さん」のようにフルネームに敬称をつけて呼びかけます。

教師や医師など生前に先生と呼ばれていた人には、そのとおりに「太田晴彦先生」、会社の上司や取引先の人には「山口正人部長」のように役職名（肩書）をつけるのがふつうです。弔辞の中では、「鈴木君」や「太田先生」のように姓に敬称をつけるだけでかまいません。

弔辞を書くときに注意したいことは

長さとしては、三分前後で読み終えることを念頭に置きます。四百字詰め原稿用紙にして三枚ぐらいが目安ですが、人によって読む速さは違いますから、書き上げたところで実際に声を出して読んでみて、必要に応じて調整します。事前に世話役などから「何分ぐらいで」と指示があったら、それに従いましょう。

構成の基本については前述しましたが、あれもこれも盛り込もうとすると、必ず時間がオーバーしますから、ポイントを一つか二つに絞ってまとめるのがコツです。

故人の経歴や功績なども、とくに取り上げるべきものがあれば別ですが、必ずしも盛り込む必要はありません。

もう一つ重要なのは、葬儀がどの宗教に基づいて行なわれるのかを確認することです。「冥福、冥土、成仏、往生」などは仏教用語ですので、キリスト教式や神道の葬儀では用いることができません。「神に召される、昇天、安息」などはキリスト教式の葬儀でしか使えません。故人の宗教がわからない場合は、喪家側に尋ねましょう。

本番では、話しかけるように

弔辞は読み上げることが多いようですが、教科書のように淡々と読んだのでは心が伝わりません。

故人に呼びかけ、話しかけるような気持ちで臨むことが大切です。それでこそ、故人に捧げる〝別れのことば〟といえるのです。

基本スタイル

古くからの親友へ

③ 思い出・人柄	② 驚き・悲しみ	① 呼びかけ
寺田君、きみと初めて出会ったのは、中学二年生のときでした。市内中学校対抗陸上競技大会の百メートル走決勝で、きみが優勝し、私は二位。僅差ではなく、大差をつけられました。きみはそのとき、「勝敗は時の運だよ」と言い、私はそれをきみからのエールだと思って、次の大会でも頑張りました。しかし、結果はいつも同じ。私がきみの前方を走ることは一度もなかった……。 こうして振り返ると、きみとの三十数年間が走馬灯のように頭の中	つい先日、久しぶりに会い、積もる話をして、「また会おうな」と言って別れたのに、まさかその三日後に事故で命を奪われ、このような形で再会することになろうとは……、痛恨の極みです。せめてきみの魂はまだここにいるものと信じて、お別れのことばを捧げます。	寺田栄一君、こう呼びかけても、きみは振り返ってくれることも、笑いかけてくれることもなくなってしまったのですね。いつも見ていたたくましい背中すら、もう見ることができません。

① 呼びかけ

一般的なパターンでは、冒頭でまず「弔辞」と述べ、それから故人の名前を呼びかけます。「○○さんのご霊前に謹んでお別れのご挨拶を申し上げます」のようなひと言を入れると、より丁寧な印象を与えます。

② 驚き・悲しみ

どのような状況で死亡したかによって、表現が大幅に変わります。

たとえば、長い闘病の末の死亡では「驚きました」という言い方は不自然ですから、ことばを選びましょう。

を駆けめぐります。あるときはカメラ、あるときはバードウォッチング、そして将棋。いろいろなことに興味を持ち、しかもとことん究めるきみの生き方に影響されて、きみが何かを始めたら私も後を追う、その連続だったように思います。きみに会えなかったら、私は無趣味なつまらない男として一生を終えていたかもしれません。

④心境など

きみはいつも私の前を走り、そして人生でもこうして先に逝ってしまった。私の前に、もうきみの姿はありません。悲しみとともに心細さが募ります。しかし、いつまでもその思いにとらわれていたら、頼りないやつだと笑われそうですね。せめて、人生の長さだけでもきみを超えさせてもらいます。

私はこれから、きみのさわやかなスポーツマンシップと、バイタリティーを思い出しつつ生きていきます。きみには、高いところからご家族の皆さんと私たちを見守っていてほしい。そう願っています。

⑤結び

寺田君、たくさんの思い出をありがとう。どうか安らかにお眠りください。さようなら。

---

③思い出・人柄

エピソードを簡単に添えて、故人との思い出や人柄を紹介しましょう。自分との関係を踏まえて表現することが大切です。

エピソードは、枝葉末節的な部分を切り捨ててまとめましょう。

社葬・団体葬の場合は、ここで故人の業績や経歴に触れることがあります。

④心境など

悲しみの気持ちを、素直に、そして暗くなりすぎない表現でまとめます。

⑤結び

故人の冥福を祈り、別れの挨拶をします。

友人・メンバー代表の弔辞

大学時代からの友人へ（故人＝30代・急死）

呼びかけ　足立和彦君のご霊前に、謹んでお別れのことばを申し上げます。

驚き・悲しみ　足立君、きみの早すぎる訃報に接し、ぼくはただ茫然とするばかりです。大学卒業後、きみは故郷の秋田に戻って役場に就職し、ぼくは東京で会社員になりました。それぞれ違う道に進んでも、年賀状に「今年もぜひ会おう」と記し、必ずそれを実現してきました。そして、お互いに家庭を持ち、今年は家族ぐるみで会おうと約束していたのに……。このような形で顔を合わせることになろうとは、悲しさと悔しさで胸が締めつけられる思いです。

思い出・人柄　きみは覚えているだろうか。いつかぼくはきみを評して「風のような男だ」と言ったことがありましたね。あれは、きみの人

ここがポイント

◆**節度のある呼びかけを**

故人と親しければ親しいほど、日ごろの呼び方が無遠慮だったはずです。呼び捨てにしたり、あだ名で呼んだり、男性なら「おまえ」と呼ぶこともあったでしょう。しかし、弔辞では基本的には「○○君・△△さん」「きみ・あなた」と呼ぶようにすべきです。

親しさを表わすために呼び捨てにする場合は「このような場ですが、いつもどおり○○と呼ばせてください」と断ります。遺族が聞いていますから、失礼のないように配慮します。

との接し方を見て思ったことでした。ふだんは人を包み込んでここちよくさせますが、曲がったことを言う人には台風のような勢いで立ち向かっていく。きみのそういう生き方は、風のように自然で、ぼくにはうらやましいくらいでした。私も会社では中間管理職となり、上と下との板ばさみになってつらい思いをすることがあります。そんなときはきみを思い出して、風になろうと自分に言い聞かせていました。しかし、実際にはなかなかなれるものではありませんでした。

心境など　そんな話も今度会ったときにゆっくり聞いてもらい、助言をしてほしいと思っていたのに、本当に残念でなりません。

きみも、奥さんの典子さんと幼い弘人君を残して逝ってしまうのは、どれほど無念だったことだろう。悲しみに沈む典子さんにおかけすることばもないが、せめて今夜は、ここに集まった旧友たちときみの青春時代の思い出話をして、典子さんをお慰めしたいと思います。

結び　きみの亡きあとは、われわれにできるかぎりの応援をさせていただくつもりです。きみも天空からみんなを見守っていてください。

足立君、かけがえのない友情と思い出をありがとう。つらいけど最後の別れを言わなければなりません。さようなら。どうか安らかに……。

◆遺族の胸中に踏み込む表現をしない

弔辞では、遺族の悲しみをさらに増幅させるような表現はできるだけ避けなければなりません。

遺族の思いを代弁するような表現も、僭越ですから避けましょう。

ただし、「悲嘆に暮れ、無念に思っている遺族を支えていくから安心してほしい」という形で故人に語りかけるような場合は、ひと言触れてもよいでしょう。

もちろん、この場合でも、感情を抑えた簡潔な表現をすることが必要です。

高校時代からの友人へ（故人＝20代・事故死）

呼びかけ 親友・伊藤早紀さんに、惜別のことばを捧げます。

驚き・悲しみ あなたについての悲しいお知らせを受けたとき、私は、あなたの旅先から届いた絵はがきを読み返していたところでした。すぐには信じられず、本当に事故が起きてしまったのだとわかった後も、まさかという思いが消えませんでした。夢であってほしい、大声で泣いてしまったら、夢が現実になってしまいそうだ、そんな思いに今も駆られています。

思い出・人柄 あなたと私は、県立藤が丘高校で出会いました。ちょうど席が隣同士で、私が「これからよろしくね」と声をかけたら、あなたは、にこっとかわいい笑顔で応えてくれました。

そう、あなたの応えには、いつもそのほほえみが添えられていました。「わからないところを教えて」と言っても、「日曜日にショッピングにつき合って」と言っても、いつも「にこっ」と笑顔で応えてくれました。

そんなあなたは、気持ちも温かく穏やかで、落ち込みそうになりがち

ここがポイント

◆エピソードの扱い方

弔辞の中では、故人の人柄（経歴・業績）を、エピソードを交えて紹介するのが一般的です。

それは、故人の生前の姿をしのぶという意味も含んでいるからです。

エピソードは、故人の人柄がよく伝わるものを選びますが、細かく語る必要はありません。

また、どんなに親しかったとしても、故人の名誉にかかわるような失敗談やマイナス・イメージにつながるエピソードを紹介することは慎みましょう。

な私は何度救われたことでしょう。
あなたは、たった一度、失恋をしました。それを私に打ち明けてくれたときも、話し終わったら「にこっ」としたのです。私だったら、その場で人目もはばからずに泣いたでしょう。でもあなたは、私に心配させまいとして、涙ではなく笑顔を浮かべました。その笑顔の中に何かとても強いものを感じました。

心境など 七月二日の突然の出来事は、この世から宝物をひとつ消してしまいました。宝石よりもっとすてきな笑顔を奪ってしまいました。でも、私の心の中ではずっと光り輝いています。
私は、あなたからいただいたすばらしい贈り物を胸に、これからの人生を歩いていきます。そして、あなたが態度で教えてくれた「どんなときも相手の気持ちを先に考える」ということを実行していこうと思います。あなたにはとても及ばないでしょうけれど……。こんな私を、いつも見守っていてくださいね。

結び 早紀さん、これまで本当にありがとう。何万回言っても言い足りませんが、心からの「ありがとう」をあなたに捧げ、お別れのことばといたします。早紀さん、どうか安らかにお眠りください。

こんな表現法もある

【人柄を表わすことば】

- 冷静沈着な人
- 誠実で律義な人
- 慎重でひたむきな人
- 謙虚さを失わない人
- だれにも信頼される人
- 統率力のある人
- スケールの大きい人
- 兄（姉・親）のような人
- 温厚篤実な人
- 大胆で豪放な人
- 臨機応変に行動する人
- 好奇心に富んだ人
- 明るさを失わない人
- だれからも好かれる人
- つねに気配りを忘れないやさしい人
- 何事も前向きに考える人

幼なじみの級友へ（故人＝60代・病死）

呼びかけ　杉山武雄君、いや、これではまるで他人に話しかけているようです。このような場ですが、これまでと同じように「ブユウ君」と呼ばせてください。

驚き・悲しみ　ブユウ君、きみの訃報《ふほう》に接したとき、私はほとんど驚きませんでした。それはそうでしょう。きみはこれまで私になんでも話してくれた。病に侵されていることも、そしてそれが、決して軽いものではないことをもね。だから、私なりの覚悟をすることもできたのです。

驚きはしなかった。しかし、悲しかった。唯一無二の親友が逝ってしまったのだから。どんなに覚悟をしていても、これぱかりは抑えようがありません。

思い出・人柄　小学生のころは、私もわんぱくでしたが、きみも私以上に血気盛んでした。あのころはいろんな悪さをしました。そして中学生になっても、私はまだ「悪ガキ」のままでしたが、きみは風紀委員会に入り、三年生になると委員長になってしまった。いわば、敵同士です。

ここがポイント

◆冷静な語り口に徹する

有名人の告別式で、たとえば「○○（故人名の呼び捨て）のバカヤロー！　なんでおれに無断で逝きやがったんだ！」などと大声で弔辞を述べる光景を目にすることがあります。

劇的な印象を感じさせる効果はあるかもしれませんが、一般人があのような語り方をすると、芝居がかった印象になりがちです。

下手をすると、遺族の悲しみをあおる結果さえ招きかねません。弔辞は、冷静な語り口に徹するように心がけましょう。

しかし、実際にはそうではありませんでした。きみはやたらに校則や生徒心得などを振り回さないのに、いつの間にか相手を抑えてしまう、不思議な力を持っていました。位負けというのだろうか、落ち着きはらった態度や実力に圧倒されて、私もきみには逆らうことができなかった。きみはブユウ君という名前そのままの男でした。

そのブユウ君がとうとう逝ってしまった。私ももうすぐ行くから、などと口にしたら、きみはきっと「女々《めめ》しいことを言うな」と、私をたしなめるでしょう。位負けしたままのお別れです。

心境など　小学校以来、約六十年。今、私はきみとのこの六十年間をゆっくりと振り返っています。きみとの思い出の数は、おそらくほかの級友のだれにも負けないでしょう。それを、大いに誇りに思います。誇りの気持ちをかみしめながら、今夜はひとりで別れの杯を傾けるつもりです。涙酒などには絶対にしません。だから安心して、きみもそちらで一杯やってください。当分は、こんな形で酒をくみ交わすことになりそうですね。それもいいではないですか。

結　び　ブユウ君、杉山武雄君、いよいよお別れです。きみのご冥福を心から祈っています。さようなら。

◆「です・ます調」を基本にまとめる

弔辞の表現法は、「です・ます」などの敬体を使うのが基本です。

故人との関係の深さによっては、あまり丁寧なことばづかいではかえって不自然に感じられることもありますから、「だ・である」などの常体を用いることもあります。

しかし、弔辞全体を常体でまとめるのは好ましくありません。要所要所でつかいながらも、全体としては「です・ます調」でまとめるようにしましょう。

姉妹のように仲のよかった友人へ（故人＝50代・急死）

呼びかけ　遠山綾子さんに、お別れのことばを申し上げます。

驚き・悲しみ　綾子さん、あなたに、今日、このような形でお別れをすることになるなんて、とても信じられないことです。どんなことでも包み隠さず言い合えた仲なのに、このように肝心なときに何も言わないで逝ってしまうなんて……。ただ立ちつくすほかありません。先週の日曜日にふたりで「ユトリロ展」を見に行って、駅でお別れしたときのあなたの姿が、何度も何度も私の頭に浮かんできます。

思い出・人柄　綾子さん、あなたと私は、親友というよりも、まるで姉と妹のようでしたね。年齢から言えば、私がお姉さんということになるのですが、本当のところはその逆だったようです。共通の趣味になったパッチワークも、誘ったのは私だったのに、上達するのはあなたのほうが早くて、私は焦りを覚えるほどでした。

あなたは、単に技術的なことだけでなく、パッチワークの歴史についても深い知識をお持ちでした。いくつになっても好奇心を失わず、向上

ここがポイント

◆故人との特別な関係を強調しない

故人ととくに親しく交際してきた仲であっても、その親交の深さをことさら強調するような表現は控えましょう。

故人と親しかった会葬者は、ほかにも何人か臨席しているはずです。その人たちの気持ちを逆なでするような大げさな表現は、好ましくありません。弔辞を依頼されたというだけでも、十分な存在感があることを認識しましょう。

心も人一倍強くて、だからいつまでも若々しく生命力に満ちていました。

心境など それにしては、逝ってしまうのがあまりにも早すぎたようです。でも、すばらしいご主人と結婚されて、おふたりで家業の呉服屋さんをもり立ててこられました。三人のお子様も立派に育てあげられ、かわいいお孫さんの顔を見ることもできましたね。

思えば、綾子さんは綾子さんなりに、ご自分の生命力を十分に発揮したのかもしれません。あなたには、なんの心残りもないかもしれません。そのように推し量れば、私もこの悲しい出来事を、かろうじて受け入れることができます。

どんなことでも聞いてもらえるあなたに、突然いなくなられて、私は本当に寂しい。でも、これからも、あなたにはなんでも話していこうと思います。住む世界は違ってしまいましたが、きっとできるはずです。そう信じています。綾子さん、できますよね。

結び いつまでも感傷にひたっていたら、旅立つあなたの足手まといになってしまいます。ですから、思い切ってお別れを申し上げます。

綾子さん、今までありがとう。そしてさようなら。心安らかに永眠されますことをお祈りいたします。

こんな表現法もある

【故人との親しかった関係を表現することば】

- 兄弟（姉妹）のような関係でした。
- 腹を割ってなんでも話し合える仲でした。
- ぼくたちは妙にウマが合い、いつも行動を共にしていました。
- お互いに、何を考えているかが、口に出さなくてもわかり合える私たちでした。
- 何かにつけて一杯くみ交わす仲でした。
- 「おれ、おまえ」の仲でした。

スポーツクラブの監督へ（故人＝40代・事故死）

呼びかけ　井上勇一監督のご霊前に、宇都宮ファルコンズのメンバーを代表し、心からお別れのことばを申し上げます。

驚き・悲しみ　井上監督、私たちは、このたびの突然の訃報に接し、ただ途方に暮れるばかりです。監督の大声が響いていた練習場も、今はむなしい広場のようにしか感じられません。

思い出・人柄　井上さんがわがチームの監督に就任されたのは、平成○年のことでしたから、それほど長いおつき合いというわけではありませんでした。しかし、その短期間のうちに、わが宇都宮ファルコンズは「井上ファルコンズ」と呼んだほうがふさわしいほどの大変身を遂げました。かつての〝仲良しクラブ〟は、今、闘えるチームとなり、昨年度は地区大会で準優勝を果たしました。

その原動力が監督の適切なご指導にあったのは、いうまでもないことです。とくに「技術力と体力を、観察分析力と判断決断力・行動力に従属させよ」という監督の示された基本理念は、私たちの精神力を養う

ここが知りたい

◆弔辞の書き方は？

正式には、巻紙に薄墨で筆書きします。弔辞用紙が市販されていますから、それを利用してもかまいません。弔辞の最後には、必ず日付と署名を記します。

上包みは奉書紙を使い、「弔辞」と表書きします。

なお、略式として、白無地の便箋に弔辞を書き、白封筒に入れるという方法もあります。

弔辞は、式後に遺族宅で保存されるものですから、弔辞の本文も表書きも、楷書体で丁寧に書くことが大切です。

えでの大きな指針になりました。

私たちは、こうして全国大会出場をめざすと広言しても恥ずかしくないチームに育ちました。これは大いなる誇りですが、ここで私がさらに申し上げたいのは、監督のお陰でチームのメンバーの一人ひとりが、社会人として、また人間として着実に成長できたことです。監督が鍛え上げてくださったのは、チーム力以上に、私たちの人間性であったことに、メンバー全員が気づいております。

心境など　監督が急逝された今、私たちは暗闇の中に取り残されたような気がしています。しかし、監督が示された基本理念は、今もチームの全員の胸中で息づいています。これからも、チームが続く限り、この魂が消え去ることはありません。メンバーを代表して、ご霊前にお誓いします。

監督、宇都宮ファルコンズがこれからどう成長していくか、そしてぼくたちの一人ひとりが、今後、人間としてどう成長していくか、高いところからどうか見守っていてください。

結び　井上監督、きびしくも温かいご指導、ありがとうございました。ご冥福を心からお祈り申し上げます。

◆**弔辞の包み方**

①奉書紙に書き、左から巻くか、3つ折りにする

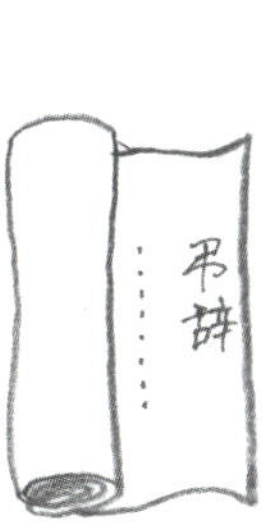

②別の奉書紙の中央部分に置き、右、左、下、上の順に折って「弔辞」と表書きをする

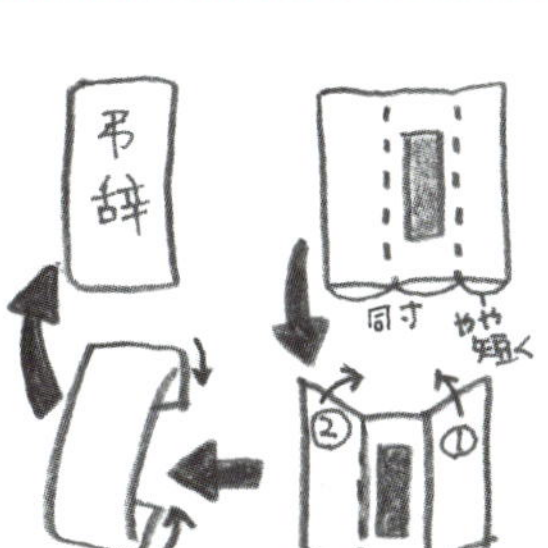

スポーツ仲間へ（故人＝30代・急死）

驚き・悲しみ　永山洋平さん、私はまだ「これは何かの間違いだ」という気がしております。あなたの人をホッとさせる笑顔、耳にここちよい澄んだ声。そんなあなたが、二度と会えない遠いところに逝ってしまったなんて、私は今、深い悲しみと虚脱感でいっぱいです。

思い出・人柄　永山さん、あなたは本当に努力の人でした。テニスでペアを組んで、四年以上になりますね。レシーブ力が弱いからと言って、反復横跳びをあきれるほど続けていたあなた、深夜にラケットの素振りを延々と続けて、ご近所から文句を言われたと苦笑いしていたあなた……。練習をしすぎて、足が疲労骨折したこともありましたね。

目を閉じると、頑張り屋のあなたの姿が、次々と浮かんできます。そんなあなたに、生来がのんびり屋の私も、ずいぶん触発されました。あなたにはかなわなかったけれど、私なりに頑張ったら、ふたりで市のスポーツ祭の準決勝まで進出できました。あなたとペアを組めて、本当によかったと思っています。永山さんがいてくれたからこそ、得られた感

ここが知りたい

◆弔辞の開き方

①上包みを開いて弔辞を取り出す

②上包みの上に弔辞をのせ、右手で開きながら読んでいく

③読み終えた部分は、そのまま右側に垂らすか、そのつどたたんでいく

動でした。

心境など　あなたが急に逝ってしまって、一緒に同じコートに立つことができなくなりました。あなたの力強いサーブを見ることもできません。私がテニスを楽しむことができたのは、あなたとペアを組めたからであったことを、今、痛感しています。

私の思いばかりを口にして、ごめんなさい。あなたの後ろ髪を引くようなことばかり言って、本当にごめんなさい。

あなたは、やさしいご主人と、かわいいお子様を残して先立つことになり、どれほど心残りだったことでしょう。ご遺族の皆様のご心中も、いかばかりかと存じます。でも、あなたと共にあったご家族ですもの、きっと、手を取り合って、この悲しみを乗り越えていかれるはずです。

私もまた、あなたと共にあったひとりです。この現実をしっかりと受け止めて生きていきます。どうか、安心してください。

結び　永山さん、これまで本当にありがとうございました。私はあなたと一緒に汗を流した日々を生涯忘れません。今しばらくはラケットを握る気になれない心境ですが、くじけないように応援してください。

あなたの御霊《みたま》が安らかでありますようお祈りいたします。

◆弔辞の読み方

①霊前で一礼し、遺影と正対してから再度一礼する

②「弔辞」と述べてから読み出す

③読み終えたらたたんで霊前に向けて置く

趣味の会の主宰者（会長）へ（故人＝80代・病死）

呼びかけ　「翠嵐短歌会」会員を代表して、故雪村深翠先生の御霊《みたま》に謹んで哀悼の辞を捧げます。

驚き・悲しみ　私たちは、雪村先生という大樹を失い、茫漠《ぼうばく》たる野で立ちすくんでいる思いがしております。しかし、先生があと戻りのできない病に倒れられてから、粛々とご自身の身辺の整理をされていたお姿に接し、先生は冥界へ赴かれたというより、ご自身の生をご自身の手で全うされたとの思いを強くしております。大いなる悲しみの中にも、深い感動を覚えています。

思い出・人柄　先生は、いつも会員の作品の添削を熱心に行なってくださいました。無遠慮に近い愚問にまで、丁寧に答えてくださいました。

先生が病床に就かれる少し前のことでした。私は作品の中のことばの配列に確信が持てず、先生のお考えをお尋ねしました。いつものように、これこれの理由で、こうするのがいいよと、きめ細かなアドバイスをいただけるはずのものと思っていました。ところが、その日に限って先生

こんな表現法もある

【驚き・悲しみの表現（病死のケース）】

●あんなに元気だったあなたが病魔にとりつかれることなど、いったいだれが想像したでしょうか。痛恨の極みです。

●体力には自信があると言っていたあなたが、病院通いの絶えない私よりも先に逝くなんて……。悲報に接したとき、わが耳を疑うばかりでした。やり場のない悲しみに、一挙手一投足さえおぼつかない思いです。

は、「頭でひねくり回すから迷うのです。あなたの心のリズムに従いなさい。最も自然だと実感できることが、何よりも大切です」とだけおっしゃいました。そのおことばが、私へのご遺訓になりました。

会員の一人ひとりが、いろいろな形で先生からご遺訓をいただいています。先生はきっと、そのようにして「翠嵐短歌会」の主宰者としてのお立場を貫いてくださったのですね。

心境など　ここで、先生が病床で詠まれた歌を一首、奥様のご了解を得て朗読させていただきます。

翠巒《すいらん》は沛然《はいぜん》として定まれり　弧鳥一声飛びゆく確かさ

静かな中にも堂々としたお覚悟のほどが、痛いほど伝わってまいります。先生、先生が育ててくださった「翠嵐短歌会」は、会員一人ひとりが、先生からいただいたお教えを胸に、これからも翠嵐の色を失うことのないように、会員が結束して受け継いでまいります。どうか、いつまでもお見守りください。

結　び　雪村深翠先生、長きにわたるご指導、本当にありがとうございました。ここに心からご冥福をお祈り申し上げ、お別れのご挨拶といたします。

ここがポイント

◆作品朗詠などは遺族の了承を得てから

故人が詩・短歌・俳句などの文学作品を残している場合は、それを弔辞に盛り込むことは、故人の人柄や業績をしのぶ方法の一つになります。

自分にとって心に残る作品や、遺作となったものなどを吟味して取り上げましょう。

その場合、勝手に披露してはいけません。事前に遺族の了解を得ておくのがマナーです。

趣味の会の仲間へ（故人＝50代・急死）

呼びかけ　堀田育子さん、今、こうしてあなたに弔辞を捧げていることさえ、私にはまだ信じられない思いがしております。

驚き・悲しみ　あなたは、今月の野鳥観察会を、ことのほか楽しみにしていらっしゃいました。いつもフィールドにしているところでなく、今回は奥秩父へ足を延ばそうと計画していましたのに、そしてあなたご自身が計画づくりの中心になっていらしたのに……。本当に悔しくてなりません。せめて予定が二週間早かったらなどと、繰り言ばかりが頭をよぎります。

思い出・人柄　堀田さん、あなたが私たちの会に入会されてから、九年がたとうとしています。私たちは、鳥を見て、そのさえずりを聞いていればそれで満足でした。あなたもそうでしたが、振り返ってみると、あなたには、鳥に対する深い愛があったように思います。

その愛が、鳥たちのすみかを守りたいという熱意になり、その熱意が私たちを動かし、多くの人々の心を動かし、そしてとうとう市議会まで

ここがポイント

◆**ちょっとしたエピソードでも活用できる**

趣味の会というのは、共に楽しむことを前提にした集まりですから、上の例のように、活動を通じてなんらかの成果を得たというエピソードが必ずあるとは限りません。

その場合は、故人の活動の様子から、その人間性を彷彿とさせるようなエピソードを探して盛り込むようにします。

自分だけが知っているちょっとしたエピソードでも、故人らしさが表われるなら、活用できるのです。

動かすことになりました。私たちは市の東部に野鳥のサンクチュアリづくりを進めてきましたが、その原点はあなただったのです。

市議会でその条例が可決されようとしている今、あなたは、それを見届けることなく旅立ってしまいました。共に手を取り合って、夢の実現を喜びたかったのですが、このようなことになり、本当に残念です。でも、きっとあなたは、楽しかった野鳥観察会のいろいろな思い出にひたりながら旅路につかれたことでしょう。そう信じています。

心境など　「鳥って、いいな」というのが、あなたの口癖でした。もしかしたら、あなたは今、鳥になったのかもしれません。翼を得て、大空へ羽ばたいていった、そんな気がしてなりません。あなたのご他界は本当につらく悲しいことですが、青空で舞うあなたを想像すると、少しは救われる気がしてきます。もし渡り鳥になられたのなら、毎年、私たちのところへ飛んできてください。

結　び　堀田さん、お別れのことばを申し上げなければなりませんが、それ以上に申し上げたいことばがあります。長い間本当にありがとうございました。お疲れさまでした。どうか安らかにお眠りください。心からご冥福をお祈りいたします。

こんな表現法もある

【「死」は別のことばに言い換える】

「死」ということばは、生々しい印象がありますから、できるだけ別の表現にしましょう。

●一般的な表現
逝去／永眠／死去／不帰（の客となる）／急逝

●早死にの場合
夭折／夭逝／早世

●仏教の用語
成仏／往生／鬼籍（に入る）

●キリスト教の用語
昇天／召天／帰天

●神道の用語
帰幽

老人クラブを代表して（故人＝80代・病死）

呼びかけ　「清寿会」を代表しまして、故大森恵介さんのご霊前に申し上げます。

驚き・悲しみ　大森さん、本当に残念です。先月お見舞いにうかがった折には、手術後の経過も順調とのことで、ひと安心しておりました。みんなで快気祝いを盛大にやろうと話し合っていただけに、訃報に接して悄然《しょうぜん》とするばかりです。

心境など　「いつお迎えが来てもかまわんぞ」というのは、われわれの集まりでは「まだ達者だぞ」という、言ってみれば意気軒昂《けんこう》のしるしのようなものでした。大森さんもよく口にし、私も同様でした。しかし、神仏はこのことばを額面どおりに受け取られたのでしょうか。もしそうであるなら、会の最高齢者である私こそがお迎えを受けるにふさわしいのにと、うらみごとを申し上げたい衝動にかられます。

思い出・人柄　しかし、神仏にうらみごとを申し上げるのは、筋違いであるかもしれません。大森さんは、神仏も身近に呼び寄せたくなるよ

ここがポイント

◆**会を代表して弔辞を作成するときは**

故人と個人的につき合っていたのではなく、故人が参加していた会や団体を代表する立場で弔辞を読むときは、その会や団体全体の納得が得られるような配慮をすることが大切です。

エピソードを選ぶ場合は、故人と自分だけにかかわるような経験などでもかまいませんが、そこから導き出される故人の人柄や会・団体の活動状況には、一定の普遍性がなければなりません。

うな器であったからです。

わが「清寿会」は、老人クラブとしては比較的大所帯です。茶飲み話が好きな人たち、ゲートボールに熱中する人たちなど、会の中はいくつかのグループに分かれています。それでいて、全体で催す行事となると、和気あいあいのうちに進めることができます。大森さんは、会の運営の一翼を担ってくださいましたが、「清寿会」のメンバーは多彩な顔ぶれであるにもかかわらず、角を突き合わせることもなく、みんながひとつにまとまるのは、ひとえに大森さんのお力によるものでした。

穏やかに筋を通される大森さんのお人柄は、「清寿会」にとっては貴重な存在でした。そのような方を失うことになり、悄然としているのは私どもだけではないでしょう。

結び　悲しみにまかせた老人の繰《く》り言はこのくらいにして、潔く心からのお別れを申し上げることにいたします。私たちもいずれは三三五五、大森さんを訪ねていきます。そうしたら「清寿会」ＯＢ・ＯＧ会をそちらで作ろうではありませんか。

大森さん、本当にお世話になりました。ありがとうございました。

ご冥福をお祈りいたします。

◆故人を主人公にした話を

会や団体の代表として、死去した会員に弔辞を捧げるときは、できるだけ故人を主人公にした話にしましょう。

会や団体の代表が自分だからといって、自分を中心にした表現をすると、自慢げな感じがして聞き苦しいものです。

故人がどのような活動をしていたか、あるいは、どのようなことで信頼されていたかといったことに焦点を当て、故人を引き立てるように努めましょう。

若くして逝った友人へ（故人＝20代・自殺）

呼びかけ 飯沼君、いったい何が起きたのだと、すれ違う人のすべてに問いかけたいような気持ちです。

驚き・悲しみ 突然聞かされたきみの悲報に、大きな衝撃を受けました。頭の中が真っ白になって、涙も出ないほどでした。

その衝撃が驚きになり、悲しみになり、そして何よりも、ぼく自身に無力感をもたらしました。

心境など 飯沼君とは、無二の親友でした。ぼくは心底そう思ってきました。きみもまた、そうであったと信じています。

それなのに、ぼくはきみに対して、なんの力にもなってあげられなかった。きみが抱えていた心の苦しみを分かち合うことができなかった。無力感という以外に、今の心境を表わすことばが見つかりません。

思い出・人柄 ぼくは今、自分を責めたい思いでいっぱいです。でもきみは、こんなぼくを見たら、少し不機嫌な顔をするかもしれません。そして、こう言うでしょう。「おまえに非があるわけではない。おれひ

ここがポイント

◆自殺の場合の弔辞で気をつけたいこと

自殺した人に対する弔辞でいちばん大切なことは、自殺の理由に言及しないことです。取り返しのつかないことですし、遺族や故人の死にかかわりのある人の心に、いっそうの悲しみを与えることになってしまうからです。

また、故人を責めるような表現もふさわしくありません。自分が受けた衝撃については、ほかの会葬者も同じ思いでしょうから、あまり感情的な表現は控えるべきです。

とりの問題だ」と。
きみには、そのようになんでも自分ひとりで背負い込むところがありました。しかしぼくには、きみがそういう人間だからこそ、だれよりも頼もしく見えたし、全幅の信頼を寄せていました。確かに、近ごろのきみはなんだか元気がなかった。それでも、限りなく頼もしいきみのことだから、大丈夫だと気にもとめなかった。たかをくくっていたのです。いくら自分を責めても責めきれない思いです。なにが親友だと……。いや、こんな後ろ向きのことばかり口にしては、またきみにいやな顔をされそうだから、これ以上は慎みます。

心境など　ぼくは、こう思うことにしました。きみは、きみ自身で決断を下し、人生を全うしたのだと……。きみの人生は短かったけれど、完全燃焼したのだとぼくは信じます。

結び　それでもぼくが自分の気持ちを十分納得させるには、もう少し時間が必要です。きみとくみ交わすつもりで、今晩も明晩も一杯やりながら心を整理します。安心してください、きみにつき合えなどと言い出したりはしません。きみにお別れを言うくらいの気力はあります。
飯沼君、きみの魂の安らかなることを祈っています。

ここが知りたい

◆弔問・会葬に行けないときは弔電や弔慰状を

訃報を受けてなんらかの事情で通夜や葬儀に出席できないときは、とりあえず弔電を打ち、早い機会に弔慰状（お悔やみ状）を出しましょう。
弔慰状の基本的な構成は、①訃報を受けての驚きや悲しみ、②故人の冥福を祈ることば、③遺族を慰めることばの順になります。時候の挨拶は不要です。香典を送るときは、その旨を書き添えます。香典は、香典袋に入れ、現金書留として別便で送ります。

職場・学校関係者への弔辞

会社を発展させた専務へ（故人＝60代・病死）

呼びかけ　須藤浩二専務のご霊前に、社員一同を代表して謹んでお別れのことばを申し上げます。

驚き・悲しみ　須藤専務、私たちは専務の悲報に接し、等しく深い悲しみに包まれております。専務は、病床に着かれてから、ご自身の病状を随時具体的に私たちに伝えてくださいました。そして、近いうちにこの日を迎えなければならないので覚悟を固めよとのおことばが、最後のご指示であることを私たちは存じておりました。それでもなお、この現実に正面から対峙《たいじ》することができない思いがしておりました。

業　績　須藤専務は、創業者である現会長と現社長に請《こ》われて、わがパシフィック・システムズ株式会社に入社され、社内外の期待に十分に応えられ、社業発展に尽力されました。専務が入社された当時、まだ一

ここがポイント

◆業績と人柄をたたえる表現は切り口を変えて

故人の業績や人柄をたたえ、また故人が周囲の人に対してどれだけ影響力を持ち、深くかかわっていたか、さらには社会や会社にどれだけ貢献してきたかを示すことは、同時に故人をしのぶことでもあります。

業績と人柄には相通じる部分がありますが、たとえば公と私、大事と小事というように、視点や切り口を変えて表現するなど、話が不明瞭にならないように工夫しましょう。

般化していなかったオフィスのオートメーション化に早くも着目され、オフィス改造工事にその観点を持ち込まれました。この分野でわが社が業界をつねにリードし続けることができましたのは、須藤専務の先見性と行動力のたまものであったと言えましょう。

思い出・人柄　須藤専務は、また卓越した指導力の持ち主でもいらっしゃいました。私たちは専務に徹底的に鍛え上げられ、〝須藤軍団〟と称されるようになりました。若輩だった私たちは専務を〝鬼〟と呼んでいましたが、部下の一人ひとりの能力・個性を的確に見極めて指示を出されましたから、社員は皆、それぞれの役割を十分に果たすことができました。そして、自分に優れた能力が備わっているかのような錯覚を覚えたことも、一度や二度ではありません。専務こそ私たちの活動力の原点であったことを、今、痛切に実感しております。

結　び　その須藤専務を失うことになり、途方に暮れている私たちではありますが、専務、どうかご安心ください。社員一同は、ご遺志をしっかりと受け継ぎ、須藤軍団が不滅であることを社内外に示し続けていく覚悟をしております。

須藤専務、お疲れさまでした。ご冥福を心からお祈り申し上げます。

◆故人の人柄を語るとき気をつけたいこと

親しみのあまり、あるいは逆に畏敬の念を示したいばかりに、聞きようによっては故人のマイナス・イメージにつながるような表現をしてしまうことがあります。上の例では〝鬼〟という表現がそれに当たります。このようなことばを使うときは、故人をとがめているように思われないように、前後の表現に気を配りましょう。

長年、苦労を共にしてきた上司へ（故人＝50代・急死）

呼びかけ　横山吾郎部長、こうして祭壇を見上げ、部長のご遺影を仰ぐことになろうとは、想像さえできないことでした。

驚き・悲しみ　このようなとき、だれよりもしっかりと足を踏んばっていなければならないはずの私ですが、身も心も宙に浮いたような頼りなさから抜け出すことができません。部長、このあまりにも突然の悲しい出来事を、すんなりと受け止めることは、とても不可能です。それでも部長、この私をお叱りになりますか。

思い出・人柄　横山部長はよくカミナリを落とされましたね。最初に大きなお叱りをいただいたときのこと、覚えていらっしゃいますか。私が、当時は営業第一課長であった部長のもとに配属されて、初めてのお中元の時期のことでした。私がご自宅にお中元の品をお送りしたところ、部長は烈火のごとく私を叱りつけました。「しなくてはならない配慮と、すべきではない配慮との区別もつかないのか」と。そして、こう続けられました。「私は職務としてきみを指導しているんだ。そのことに恩義

ここがポイント

◆**目をかけてもらったことを強調しすぎない**

弔辞を読む人は、ごく限られています。上司への弔辞を依頼される部下は、それなりの理由があって選ばれたはずです。故人からとくに目をかけられていた人かもしれません。

いずれにせよ、選ばれた理由は多くの人が察していることですから、そのことを強調しすぎないようにします。

を感じているとしても、こういう形で返してはいかん。返したい気持ちがあるなら、仕事で返すべきではないのか」と。私が、ずっとこの人についていこうと決心したのは、その瞬間でした。

一か月ほど前、部長は「一杯飲もう」と言って私を誘ってくださいました。その折に部長は、「きみと苦楽を共にして、何年になるかな」ととつぶやかれました。私は、〝苦楽を共に〟と言ってもらえたことがうれしくて、喜びにひたっていましたが、あるいはあのとき、部長は今日の日の来ることを予感されていたのかもしれません。それを私に言外に告げようとされたのかもしれません。ただ喜んでいるだけだった自分のあさはかさを、恥ずかしく思っております。

心境など　横山部長、正直申し上げて、私はまだ、この事態を信じることができかねます。しかし、信じなければなりません。〝苦楽を共に〟とのあのおことばを私の〝勲章〟として、今は亡き横山部長のご遺志を、あなたの部下一同と共にしっかりと受け継いでまいります。

結び　どうか、これからは高いところから私たちをお見守りください。いよいよお別れです。ご冥福を心から祈っております。

横山吾郎部長、本当にお疲れさまでした。安らかにお休みください。

こんな表現法もある

【呼びかけに続けることば（急死の場合）】

- ○○さん、突然の出来事に思いも定まらないまま、お別れのことばを捧げます。
- ○○さん、茫然としつつ弔辞を捧げる無礼を、どうかお許しください。
- ○○さん、事態を信じるに至らないまま惜別の辞を申し述べなければならない私の心情を、どうかお察しください。
- ○○さん、このたびのこと、さぞ悔しくお思いのことでしょう。私たちもまったく同じです。

模範的なリーダーだった店長へ（故人＝40代・事故死）

呼びかけ　森隆店長、こんな悲しい気持ちでお名前を呼ぶことになろうとは、だれが想像できたでしょうか。悪い夢でも見ているようです。

驚き・悲しみ　途方に暮れる——今の胸中を言い表わすのに、これ以外のことばを探し出すことはできません。いったい、どうすればよいのか……。いつもなら、黙々と働いていらっしゃる店長のお姿を拝見するだけでなんでもわかったのに、その店長がこのようなことになり、まさに途方に暮れております。

思い出・人柄　店長は、率先垂範の人でした。何をするにしても、まずご自身が手本を示される。ですから、私たち店員は、ただ店長についていけばよかったのです。お姿を拝見していれば、たいていのことは理解できたし、もしわからないことが生じても、すべてを体験されている店長ならではのご指導を受けることができました。

店長は、また本当に心のある人でした。私たちに対してだけではありません。万引きをした少年を懇々と諭《さと》して、あとでその両親からお礼を

ここがポイント

◆**大きなエピソードが思い浮かばないときは**

思い出や人柄を語るところでは、故人のエピソードを交えるのが基本ですが、大きな出来事を思い浮かばないこともあります。

そんなときは、日常生活の中で小さな感動を覚えたエピソードをいくつか披露して、故人の人柄を浮き彫りにするように工夫するとよいでしょう。

言われたこと、道を尋ねに寄られたお年寄りを、わざわざ目的地まで車で送って差し上げたことなど、数え上げれば切りがありません。

あるとき、私の妻がこんな話をしてくれました。「あなたのお店、どの店員さんもきびきびとしていて、とても感じがいいって評判よ」と。私は、「店員というより、店長のお人柄がそういう形で現われているんだよ」と答えたものでした。

心境など　思い出は尽きません。店長は、お店を立派に経営され、私たちを育ててくださいました。仕事に関するかぎり、満足することはないのかもしれませんが、店長なりに充実したお気持ちで逝かれたのではないかと存じます。思い残されることがあるとすれば、それはご家族のことではないでしょうか。ご恩返しというには、ほど遠いかもしれませんん。そして、非力ではありますが、私たち店員一同、ご遺族の皆様にはできるかぎりの支援をさせていただきます。また、奥様を中心にして店長が築かれたお店を懸命に支えていくことを、ここにお誓いいたします。

結　び　店長、これからはまずご家族を、そして私たちを、どうかいつまでもお見守りください。ご冥福を心からお祈りいたします。

◆残された店の将来に触れるときは

店長が故人となった場合、店の将来はだれもが気になることです。弔辞の中でそれに触れることもあり得ます。

一般的には、「残された店員が力を合わせて」という形で表現されますが、一店員の立場で言えることは限界があります。

自分の立場をきちんとわきまえて、出すぎた表現をしないように、気をつけましょう。

基礎から指導してくれた先輩へ（故人＝40代・病死）

呼びかけ 謹んで小林智彦課長のご霊前に申し上げます。

驚き・悲しみ 小林課長が「胃の調子が悪いから、ちょっと入院することになったよ」とおっしゃってから、まだ三か月です。私がみずからの心を整理するいとまもありませんでした。

思い出・人柄 課長には、入社以来、仕事に必要なことのすべてを教えていただきました。私の入社初日に、課長はこうおっしゃいました。「うちは小所帯だから、肩書きなんて気にしなくていい。おれを〝課長〟なんて呼ぶなよ」。それで私は、小林さんと呼ばせていただき、いつの間にかそれは「コバさん」になっていました。

コバさんは、一事が万事、その調子でした。親しみやすいというのは失礼ですが、どのように忙しくても、「コバさん」と声をかけると、必ずちょっとほほえんでから「なんだ」と返事をしてくれました。だから、本当になんでも尋ねやすく、実際にいろいろなことを教えていただきました。社長から「きみは覚えが早いね」と言われたことがありましたが、

ここがポイント

◆ほめことばより、客観的な描写で表現する方法も

ほめことばの多くは類型的なものなので、上手に用いないと、弔辞全体が薄っぺらな感じになってしまいがちです。

また、故人の人柄にふさわしいほめことばが見つからないこともあります。

そんなときは、人柄そのものをほめことばで表現しようとしないで、エピソードを客観的に描写するスタイルでまとめてみましょう。感情的でない、深みのある表現になります。

私の能力ではなく、まさにコバさんのお陰だったのです。
しかし、浅はかな私は、どこの職場でも新人はこうして仕事を教えてもらえるのだとばかり思っていました。それが大きな間違いだと気づいたのは、入社して半年ほどしてから開かれた、私の出身校の同窓会のときでした。職場の話題でもちきりでしたが、コバさんのような上司に出会えたことの幸運を、そのとき初めて知ったのです。

心境など　現在の私は、一人前の顔をして仕事に携わっています。もちろん、ひととおりのことはこなせるようになりましたし、自分を卑下するつもりもありませんが、いつも私の脳裏には「いざというときはコバさんに相談すればいい」という意識がありました。
そのコバさんが……。不安が募るばかりですが、それを口にしたら、コバさんは心配されるでしょう。今は、コバさんが残された数々の教えを糧として、非力ながら会社のみんなと共に社業に邁進《まいしん》するとともに、ご遺族のためにも尽力させていただくことをお約束いたします。

結　び　最後ですから、万感の思いを込めて、きちんと呼ばせてください。青木工業株式会社製造部製造課長・小林智彦さん、どうか安らかにお眠りください。課長、ありがとうございました。

こんな表現法もある

【先輩との関係を表わす決まり文句】
- なんでも相談できる上司
- 手取り足取り教えてくださった上司
- 温かく包んでくださった上司
- 仕事ぶりから生き方まで目標にさせていただいた上司
- 人生のすべての面での大先輩と呼びたくなるような人
- 私の道しるべだった先輩

机を並べてきた同僚へ（故人＝30代・事故死）

呼びかけ　勝野雄一郎君、勝野君、ユウさん——どう呼びかけても、きみはもう応えてくれないのですね。

驚き・悲しみ　このたびの突然の悲報に、私は体が震えるのをどうしても抑えることができませんでした。

思い出・人柄　勝野君、きみと私は、平成○年入社の同期生でした。同じ部署に配属され、机を並べて、○年間、時間を共有してきました。きみはバリバリと仕事をこなし、私もそれに刺激されて仕事に没頭しました。また、きみはよくみんなを笑わせてくれました。ムードメーカーということばがピッタリでした。

上司から「きみたちは、よきライバルだ」と言われたことがありましたね。しかし、私は勝野君と競争しているという意識はなかった。きみもまた、同様だったでしょう。性格も違うし趣味も違う、それでいてウマが合うという不思議な仲でした。この悲しみの場にあって頭をめぐるのは、きみとの楽しかった思い出ばかりです。

ここがポイント

◆**悲しみを強く表わすときは短いことばで**

驚き・悲しみの気持ちを表現したいときは、故人に対する思いをそのまま書けばよいのですが、延々と悔やみ言を述べるようなことは慎みましょう。

遺族の無念さをさらに深めることのないように、できるだけ短くまとめて切り上げ、話を展開させるようにします。

心境など　しかし、今、正直なところ、こんなにも突然に逝ってしまったきみを責めたい気持ちです。私は、右隣のきみの机に飾られている白い花など見たくない。きみの左の横顔を見たい。切にそう思う。でもこれは、私のはかない願いにすぎないことですね。

ひとつ、頼みがあります。きみの机の上に貼りつけていた小さな紙、筆で「快」と書いてあるあの紙を私にください。きみは「快という字には、こころよい、さわやかだという意味のほかに、鋭い、速いという意味もあるらしい。どうだ、いい字だと思わないか」と私に言いました。

きみの人柄も仕事ぶりも、まさに「快」そのものでした。きみがいなくなってしまった今、せめて私が「快」をめざしたい。そうすることで、私なりにきみをしのびたい。それが、きみへの供養にもなればと思っています。

結び　きみの身に起きた不慮の事故は、同時にご家族の身にも起きたことです。ご家族の今後について、さぞ不安に思っていることでしょう。力不足は承知のうえで、私なりに、いや職場のみんなと共にできるかぎりの支援をしていくつもりです。どうか、心安らかにお眠りください。ユウさん、勝野雄一郎君、さようなら。

ここが知りたい

◆故人を責める表現をしたときは

弔辞では、故人を責める表現を用いないのが原則ですが、自分の正直な気持ちとして、どうしてもそうした気持ちを盛り込みたいときは、ごく短くまとめるようにします。

そして、責める気持ちが生じたのは自分のわがままさゆえのこと、というようなニュアンスのことばを添えるようにします。責めることを主題にしてはいけません。

部・課長から部下へ（故人＝20代・急死）

呼びかけ 沢田雅彦君のご霊前に謹んで哀悼の辞を捧げます。

驚き・悲しみ 沢田君、こうしてきみの遺影の前に立つことになり、まことに残念でなりません。これは、上司としてというより、職場で喜びやつらさを分かち合ってきた仲間としての思いです。きみの同僚も先輩・後輩も、同じ思いで悲しみに耐えています。

思い出・人柄 沢田君、きみとのつき合いは、それほど長くはありませんでした。しかし、きみが残してくれた思い出は、決して少なくありません。私でさえそうなのですから、親しく接していたきみの同僚や先輩・後輩たちの記憶には、実にさまざまな思い出が刻み込まれているはずです。

私が沢田君に対して最初に鮮烈な印象を抱いたのは、きみがまだわが社に採用される前のことでした。採用試験の作文の課題は「私の仕事観」でしたね。きみはこの課題に「一〝字〟が万事」と副題をつけていました。一事の「事」が文字の「字」に置き換えてある。読み手の関心をお

こんな表現法もある

【部下を評価することば】

- だれもが一目置く逸材
- 斬新な発想力の持ち主
- 洋々たる前途を期待させる人材
- 驚くほどの粘り強さ
- 並みはずれた向上心
- 冷静な分析力と判断力
- 群を抜く行動力
- 穏やかでだれにも愛される人柄
- 温厚である反面、事あるときの押しの強さにはだれもが舌を巻く……
- 実直で信頼感抜群の人
- 口数が少ないだけに、そのひと言ひと言に重みがあり……

おいに引くサブタイトルです。論旨は「事務職は、一字を大切にすることが重要である。一字の扱いをおろそかにすれば、すべてに悪影響を及ぼしかねない。一字を大切に考えれば、創造性も生まれてくる」というものでした。必ずしも論理的ではありませんでしたが、決められたことを、決まった方法で着実にという答案が多い中で、これは十分に光っていました。とくに「創造性」に言及していた点が異色でした。

きみの仕事ぶりは、期待を裏切りませんでした。確実で、工夫が感じられ、私も仕事の合理化を進めるうえでしばしばきみのアイデアを頂戴しました。そんな有能な部下が、急逝してしまったのです。

心境など　今、私はみずからの体の一部をもぎ取られたような思いにとらわれています。大きな痛みをも感じています。ご遺族の皆様のことを思いますと、お慰めのことばも見つかりません。ひたすらご自愛を願うばかりです。

結　び　私たちがここで力を落としてしまっては、きみも安心できないでしょう。心を決めてきみにお別れのことばを告げ、私たちも沢田君のいない職場を再構築していきます。

どうか、心安らかにお眠りください。沢田雅彦君、ご冥福を祈ります。

ここがポイント

◆弔辞はゆっくりと低い声で読む

葬儀・告別式では、感情が高ぶりがちです。まして弔辞を朗読する立場になると、緊張感も重なって朗読する声がうわずりがちです。それを防ぐには、まずゆっくりと読むようにします。そして、声の調子を低めに保ちます。

悲しみで胸がいっぱいになり、ことばに詰まっても、あわてる必要はありません。だれもが状況を理解してくれていますから、ひと呼吸置いて心を落ち着けてから語り出しましょう。

社長から勤務中に死去した社員へ（故人＝40代・事故死）

呼びかけ　株式会社西野製作所を代表し、故木村良平君の御霊《みたま》に心から惜別のことばを捧げます。

驚き・悲しみ　このたびきみが遭遇した突然のご不幸な出来事は、きみの所属部署に衝撃を与え、会社に痛恨の情をもたらし、そのすべてが大きなうねりとなって私の胸を襲いました。私には、きみを慰めるに足る、ふさわしいことばを見い出すことができません。身を切られるような思いがつのるばかりです。

思い出・人柄　きみは、「西野製作所に木村あり」と称された人でした。私は同業の仲間から、よく「すばらしい人材がいるね」とうらやましがられ、また「きみの会社には本物の職人さんがいるんだってね」とも言われました。〝本物の職人〟というのは、われわれの業界では最高のほめことばです。それがきみへ向けられたことばであるのは、いうまでもありません。きみがその手で勝ち取った勲章です。

私は会社の顔たらんとして日々努めていますが、きみこそが真の会社

ここがポイント

◆**社長としての視点から語る**

社員だった故人から見ると、社長は最高位の上司になります。

したがって、社長として弔辞を捧げるときは、直属の上司や職場の先輩などより、さらに一段高い視点から発想し、まとめることが大切です。

故人が会社にとってどのような人材であったかを大きくとらえて、故人の功績をたたえるようにしましょう。

の顔であったと言っても、決して過言ではありません。さらにつけ加えるならば、業界全体の看板だったとすら言えるでしょう。これほど言うと、きみはいつものように渋い顔をして「とんでもない」とぶっきらぼうに答えるかもしれません。しかし、昨日から会社のほうには、おつき合いのある多くの会社から心のこもった弔問をいただいているのですから、これが誇大な表現でないことは明らかでしょう。いたって謙虚なきみではありますが、今回ばかりは納得しなさい。私がきみに伝える、これが最後の職務命令です、木村君。

心境など　仕事に全霊を注ぎ込んでいたきみのことだから、心残りのことも少なくないだろう。が、それ以上に心配なのは、ご家族のことでしょう。きみが満足してくれるにはほど遠いかもしれませんが、私どもにできる最大限のことはさせていただくつもりです。最愛の奥様もすばらしいお子様も、さぞ落胆されていることでしょうが、腹のすわったきみと共にあったご家族です。必ずや手を取り合って立ち直ってくださるものと信じます。そちらの国からいつも見守っていてください。

結　び　木村良平君、これでお別れです。きみの仲間たちと共に、ご冥福を心から祈っています。木村君、お疲れさまでした。

ここが知りたい

◆故人との接触が少なかった場合は

社長と全従業員とが、ふだん密接な関係にあるとはかぎりません。故人のことを深くは知らない、ということもあり得ます。

そのような間柄の故人に弔辞を捧げる際は、どうしても美辞麗句や決まり文句の羅列になりがちです。

それを避けるには、故人の直属上司や同僚、出入りの業者などから情報を得るのが最良の方法です。〝余人の口をして語らしめる〟という方法でまとめると、無理のない表現になります。

教育熱心だった恩師へ（故人＝60代・病死）

呼びかけ　村上孝一先生のご霊前に、教え子を代表して、お別れのご挨拶を申し上げます。

驚き・悲しみ　村上先生、今日の再会がこのような場所になろうとは、思いもよらないことでした。春先に行なわれたクラス会に、先生は「少し体調を崩しているから」とのことで、欠席されました。先生のご欠席は初めてのことでした。早速病院のほうへお見舞いにうかがうと、そこにはいつもどおりの穏やかなお顔がありました。今、拝見しているご遺影そのままのお顔でした。それなのに……。心の乱れを抑えるすべさえわからない状態です。

思い出・人柄　村上先生は、よく補習授業をしてくださる先生でしたね。それも、ほとんど個人指導に近い形の補習でしたから、とてもわかりやすく、一度あきらめかけていたことが理解できたときのうれしさは格別でした。

先生は、また補習を受ける生徒が抱きがちな劣等感を払拭《ふっしょく》できるよう

ここがポイント

◆恩師への弔辞では感謝の気持ちを主体に

恩師とは、いうまでもなく教えを受け、お世話になった先生です。その恩師に捧げる弔辞ですから、単に冥福を祈るだけでなく、感謝の気持ちを述べることが不可欠です。

エピソードを探す場合も、感謝の表現へつなげることができる出来事を選ぶと、弔辞全体のまとまりがよくなります。

な配慮もしていただきました。先生の得意技は、ちょっとほめる、たびたびほめる、というものでした。ちょっとほめられると、ちょっとうれしい、それが重なると劣等感など消し飛んでしまいました。

大好きな先生でした。村上先生のような教師になりたくて教職に就いた人が、私の同級生だけで三名もいます。みんな村上先生にあこがれていたのです。

心境など　次のクラス会で、もう先生のお姿を拝見することはできないのですね。残念だとか、寂しいとか、そんなことばではとても表わしきれない気持ちです。

私や同級生だけではないでしょう。先生を師と仰いだ者すべてが、共通の思いでいるはずです。帰ってきていただくことができないなら、せめてこれからもずっと、私たちを見守ってください。村上先生は、いつまでも私たちの恩師です。

結　び　村上孝一先生、親身なご指導と、たくさんの温かい思い出を、ありがとうございました。

先生のご冥福を、先生のすべての教え子と共に心からお祈り申し上げます。

ここがポイント

◆多くの教え子を視野に入れた表現を

恩師とのエピソードを考える際に最もふさわしいと思えるのは、〝恩師と自分の二人だけにかかわるエピソード〟ということもあり得ます。しかし、そのまままとめると〝自分だけの恩師〟という感じになり、あまり好ましくありません。

教え子全員は無理としても、大方の教え子を視野に入れた表現を心がけ、〝私たちみんなの恩師〟という印象を与えるように工夫しましょう。

卒業後も親交のあった恩師へ（故人＝50代・病死）

呼びかけ　わが恩師・安藤弘文先生に、謹んで哀悼の辞を述べさせていただきます。

驚き・悲しみ　このたびの悲しい知らせは、母を介して会議中の私のもとに届きました。私の様子を見てとった上司が、事情を知って早退をその場で許してくれました。家に戻る道も、お通夜にうかがう道も、どこをどう通ったのか、記憶にないほどただ茫然《ぼうぜん》としていました。

思い出・人柄　先生には、本当にお世話になりました。大学で丁寧なご指導をいただいただけでも、安藤先生は私の恩師でありますが、卒業してからも私は何かと先生にご相談し、ご判断を仰いでご指導いただいておりました。私は最も手のかかる教え子であったに違いありません。先生は、私にとっては本当の恩師です。恩という文字、師という文字が、改めて重く大きく感じられます。この思いは、ほかの多くの教え子も同じことでしょう。

先生に甘えっぱなしであることを自覚していた私が、あるとき「いつ

こんな表現法もある

【恩師の人柄の表現】

- お年のことを口にしては叱られるかもしれませんが、七十歳という年齢からはとても想像できないほど、エネルギッシュでいらっしゃいました。
- 先生に何かを質問すると、いつも「ウーン」とおっしゃってから答えられました。この「ウーン」とワンテンポを置かれるお姿に、即答されるよりもむしろ安心感、信頼感を覚えていました。

までも自立できなくて、先生に頼ってばかりで……」と申し上げると、先生は「いやいや、私自身ではとても体験できないことを、きみたちを通じて体験しているのですから、十分にギブ・アンド・テイクになっていますよ」とおっしゃいましたね。あのおことばに、私はいろいろな意味で、先生の真骨頂に触れる思いがいたしました。先生を慕ってくる者への「今後も遠慮なくいらっしゃい」という温かいメッセージがとてもありがたかった。人生でいちばん大切な時期に先生と出会い、そして貴重な教えをいただいたことを、心から感謝しております。

心境など　そんな恩師、そんな人生の先輩を、私たちは失うことになりました。途方に暮れる思いの一方で、先生の「自立しなさい」というおことばが聞こえる気がします。そうですね。いい年をして、甘えるのもいいかげんにしないといけません。私は、自信を持ってもよいのかもしれません。先生に教えていただいたことの一つひとつを、今後の私の人生の指針といたします。また、そうしなければなりません。この私の決意を、先生に大きな声でお伝えいたします。

結　び　先生、安藤先生、長きにわたるご指導、本当にありがとうございました。お別れのことばではなく、お礼のことばでお送りいたします。

ここがポイント

◆故人の肉声を取り入れてみる

故人の思い出を紹介するときは、できるだけ自分のことばで語ることが大切ですが、心に残る故人のひと言を取り入れるのも一つの方法です。

その場合は、故人の口調を少し再現するようにしてみましょう。ただし、物まねが過ぎると芝居がかって聞こえたり、弔辞としての品位を落とすこともありますから、ニュアンスを再現する程度にとどめることが大切です。

クラス担任の先生へ（故人＝40代・急死）

呼びかけ　久保田あゆみ先生、こんなにつらく悲しいクラス代表を務めることになるなんて、夢にも思いませんでした。私たち三年C組のクラスメート全員のお別れのことばを、代表してお伝えする役なんて、絶対にいやです。先生、ごめんなさい。ご存じですよね、私の〝いやいや病〟。今の一回だけ、許してください。

思い出・人柄　あゆみ先生、先生が残してくださった思い出は、本当にたくさんあります。まず最初がとても印象的でした。先生のクラスになった三年の一学期、先生との初顔合わせのとき、先生は名簿を手に持ち、私たち一人ひとりの名前を呼んでは、「はい」と答える生徒の前に来て、名簿と顔を見比べ、「よろしくね」と握手をしてくださいました。一人対三十人の初顔合わせではなく、一人対一人を三十回されたのです。先生の手の温かさ——それをクラス全員が感じ取りました。

この先生となら仲良くやっていけそう、と感じた生徒は私だけではなかったはずです。もちろん、その予感は的中しました。

ここがポイント

◆感謝の表現を入れにくいときは

114ページの下段で、恩師への弔辞には感謝の表現を、と述べましたが、全体の文脈から、それが無理という場合もあります。

結びのところで「これまでのご恩に心からの感謝を申し上げ……」と言い添えるのも一法ですが、そこだけ浮いた印象になるようなら、無理にお礼のことばを添えなくてもよいのです。

その代わり、故人を慕っていたことを、心を込めて表現しましょう。

先生は、私たちの間では「なんでも相談コーナー」と呼ばれていました。ちょっとした悩み事があると、すぐ先生のところへ行って相談にのってもらいました。先生は、いつも明快な回答を示してくださるとはかぎりませんでした。いえ、そうではないことのほうが多かったように思います。けれど、先生と話していると、自然に自分の考えや決心が固まってくる——そんな感じでした。中には、先生となんとなく話をしたくて、相談にかこつけて先生のところへ行っていた人もいるようです。実は私もその一人でした。

心境など 先生との思い出は、そのように、一人対一人というケースがとても多かったように思います。私たちは、そんな先生のもとで成長してきました。そのことは私たちにとって無上の喜びであり、誇りです。その思いを、初対面のときに感じた先生の手のぬくもりとともに、ずっと大切にしていきます。あゆみ先生は遠い世界に逝ってしまわれたけれど、私たちの心の中で生き続けています。私はこれからも、先生にいろいろ相談するつもりです。どうかいつまでも私たちの「なんでも相談コーナー」でいてください。お願いいたします。

結び 久保田あゆみ先生、どうか安らかにお眠りください。

◆**敬語の使い方で心得ておきたいこと**

恩師にかぎらず、目上の人への弔辞では、敬語を用いることが原則です。

しかし、敬語の使いすぎは問題です。

敬語を使いすぎると、言い回しがくどくなりがちで、また師弟関係がよそよそしい印象になります。

それを解消するには、全体を丁寧な表現でまとめながら、要所に尊敬表現を盛り込むことです。

担任教師として教え子へ（故人＝小学生・事故死）

呼びかけ　小松優一君――どんなに呼びかけても、いつものきみの返事を聞くことはできなくなってしまったのですね。

驚き・悲しみ　小松君、きみの身に起きた悲しい出来事に、クラスの仲間たちは、皆、打ち沈んでいます。きみに対してもクラスの仲間に対しても、私は慰めることばを見つけることができません。教師失格といわれてもしかたありませんね。

思い出・人柄　小松君、きみはもの静かな子でした。どちらかといえば、目立たない生徒の一人でした。そして、とても優しい子でした。おじい様がつけてくださったという「優一」の名そのままの少年でした。

きみは、クラスの花壇係を受け持っていました。あるとき、花壇係が丹精込めて育てていた花の苗を、隣のクラスの子が踏みつけたことがありました。きみは血相を変えて怒りましたね。いつものきみを知っているその生徒は、少し興奮して「係の仕事をじゃまされて、悔しいか」ときみに言った。きみは、目に涙を浮かべながらも、しっかり相手を見て

ここがポイント

◆目立たない子の人柄を表現するときは

クラスでは、ふだんはとくに目立つ生徒ではなかったという場合は、その人柄を表現するのが難しいものです。目立たないことをあえて言う必要はありませんが、何かひとつ光る点があるはずですから、それを浮かび上がらせることを目的として、〝いつもは目立たないけれど〟と前置きするのはかまいません。

むしろ、そのほうが自然な印象になり、遺族や会葬者に違和感を与える心配も少なくなります。

言いました。「そうじゃない、大切な命を傷つけられたから」と。元気のよすぎたその子は、きみに見据えられて、しょげてしまったね。窓から様子を見ていた私は、きみがその子の肩にちょっと手を置いて、そして二人で苗を植え直し始めたところまで確認しました。きみの本当の姿、きみの優しさを支えている心の強さを知り、無性にうれしかったのを覚えています。その生徒ときみは、それから親友になったね。

優一君のそんなところを、クラスの仲間はとっくに知っていたのかもしれません。優しさは、実は強いものであることを、クラスの仲間も私も、きみから教えてもらったように思います。きみは目立たない子でしたが、だからといって存在感の薄い子ではなかった。すてきな少年でした。

心境など　小松君、今、私の胸にもクラスのみんなの胸にも、ぽっかりと穴が開いてしまったような気がします。今はそんな状態ですが、これから、きみと過ごした日々を振り返って、きみの姿と優しさを、その穴いっぱいに詰めていこうと思います。

結　び　もう少ししたら、きみの大切な花壇が花でいっぱいになるね。そのときは高いところからぜひ見てほしい。それまで、さようなら。

◆列席しているクラスメートを考慮して

葬儀・告別式には、故人のクラスメートも参列しているはずです。子どもや年少者にとって、友の死は大きな衝撃になります。悲報を受けての驚き・悲しみや、現在の心境などを表現する部分では、そのことを念頭に置いて、子どもたちのショックを深めることのないように配慮することが何よりも大切です。

クラスのみんなと共に悲しみを乗り越えていくという旨のことばも、教師の弔辞には欠かせません。

社葬・団体葬などでの弔辞

会社を創業した会長へ（故人＝80代・病死）

冒頭挨拶　エー・ワン商事株式会社会長・故相原一郎殿の社葬に当たり、全社員を代表いたしまして、謹んでご霊前に弔辞を捧げます。

死去の報告　相原会長は、平成○年二月九日午前一時三十分に、腎不全のため、八十六年にわたる生涯を閉じられました。社員一同、ここに深く哀悼の意を表わしますとともに、ご遺族の皆様に心からお悔やみを申し上げます。

経歴・業績　相原会長は、今から四十三年前に当社の前身であった有限会社相原商店を創立され、着実に地歩を固めてこられ、十五年後に当社を設立されました。その後も社業ならびに業界の発展に全力を尽くされ、平成○年に会長職に就かれてからは当社と当業界の重鎮としてご活躍になり、平成○年に勲○等○○章受章の栄に輝かれました。

ここがポイント

◆「呼びかけ」ではなく「冒頭挨拶」から入る

社葬や団体葬などは、その組織を挙げて実施する葬儀です。規模も大きく、その組織に対する評価にもかかわりますので、弔辞は、故人葬の場合に比べて、より格調高くまとめることが必要です。

構成は、基本的には個人葬の場合と同様ですが、冒頭は「呼びかけ」ではなく「挨拶」の形とします。また「死去の報告」や「経歴・業績」を述べるケースが多くなります。

さらにこの間、市の障害者福祉の面でも多大な貢献をされ、三度にわたり市長賞などの感謝状を受けられました。このように大きな存在を失うこととなり、まさに痛恨の極みでございます。

思い出・人柄　相原会長は、魚釣りをご趣味とされていました。それも、ヘラブナ釣り一本やりでした。堂々たる体躯で繊細な釣り具をすばやく操作されるお姿は、そのまま、会長のお人柄を象徴しているかのように感じられました。まことに懐かしく思い出されます。

心境など　私どもの今の思いは、ともすれば会長のご生前へと向かいがちです。しかし、過去を振り返って執着することを何よりも嫌われた会長に対し、それはあまりにも失礼なことでありましょう。会長という大きな存在、相原一郎という大きな個性を失って、視線が宙をさまようような私たちではございますが、まずは会長が示された指針の方向をしっかりと見定め、足元を固めて、全社員が一丸となって前進してまいることをお誓い申し上げます。

結　び　相原会長、私たちとその日々の営みを、どうかいつまでもお見守りください。私たちも、会長の大きなお姿を絶対に忘れません。社員一同心から、ご冥福をお祈り申し上げます。

こんな表現法もある

【冒頭挨拶の定型的表現】

- ○○株式会社会長・故△△△殿のご霊前に、○○○を代表して、謹んでお別れのことばを捧げます。
- 本日ここに、○○株式会社会長・△△△殿の社葬が執り行なわれるに当たり、○○○を代表して、謹んで惜別の辞を申し述べます。
- ○○○を代表いたしまして、△△△会長のご逝去を悼み、謹んでご霊前に申し上げます。

敬愛してきた社長へ（故人＝60代・事故死）

冒頭挨拶　本日、松山物流株式会社代表取締役社長・故唐沢順造殿の社葬が執り行なわれるに当たり、謹んで惜別の辞を捧げます。

驚き・悲しみ　このたびの唐沢社長のご逝去は、力強い牽引車を失った貨物列車のような無力感を私たちにもたらしました。積み荷もあるし乗務員も整備士もいる、燃料の備えもある――それなのに肝心の機関車が消失したのです。社長は、ボスたること、ワンマンたることをみずから標榜《ひょうぼう》され、実践されました。私たちは、そんな社長を頼もしく思い、安心して今日までついてまいりました。そのボスを失ったのです。社長、どうか私たちのとまどいと悲しみをご理解ください。泣き言を言うなとお叱りになっても、今日ばかりは聞けません。

思い出・人柄　社長、私たちは平素、社長が社長室にいらっしゃると いうだけで、身の引き締まる思いがしておりました。社長がときおり各部署に顔をお出しになったときは、なおさらでした。しかし、その思いは、怖いとか恐ろしいとかいう類《たぐい》のものとは明らかに違います。松山物

ここがポイント

◆弔辞朗読者が複数のときは内容の重複に注意

社葬・団体葬などでは、弔辞の朗読をする人が複数になるケースが多いものです。弔辞の内容の一部が重複するおそれが生じますから、できるだけそれを防ぐ必要があります。

たとえば、「死去の報告」は最初に朗読する人にまかせるべきです。「経歴・業績」も、同様でしょう。もし可能なら、弔辞を依頼された人同士が連絡を取り合って、調整しましょう。

流の社員としての自分、あるいは唐沢社長の下《もと》で働いている自己と、改めて対峙《たいじ》する瞬間であったからです。それだからこそ、社長の「よし、よくやった」の声が耳に届くと、それが自分に対するものでなくても、心からの喜びを覚えたものでした。まるで厳父の声のように、私たちは感じておりました。

心境など　私たちは一人ひとり、自負心を抱いています。社長はつねづね「力のない者、力を出そうとしない者は、遠慮なく切る」とおっしゃっていました。その社長の下で、私たちは力を尽くしてきたのです。社長が築かれた道の大きさも、めざされていた方向も、私たちなりに理解しております。社長のお目にはいかにも心もとなく映っているかもしれませんが、私たちは一致団結して全力で社長亡きあとの松山物流を支え、発展させてまいる決意をしております。どうか、末長く私たちをお見守りください。

結び　唐沢順造社長、今のお願いで、あるいは「まだ楽をさせてもらえないのか」とお思いかもしれません。しかし、私たちは無能で無力な者の集団ではありません。どうかごゆるりと、私たちの奮闘ぶりをご高覧ください。ご冥福お祈りいたします。

◆社葬では会社でのエピソードを中心に
社葬・団体葬などの弔辞で故人のエピソードに触れる場合は、その組織での故人の活躍ぶりに焦点を当てるのが、最もよい形です。
私的なエピソードを語る場合も、社長・会長としての故人の一側面という趣旨でまとめるように工夫しましょう。

長年の取引先の社長へ（故人＝50代・急死）

冒頭挨拶　山本産業株式会社山本一彦社長のご霊前に、貴社の取引先を代表し、謹んで弔辞を捧げます。

驚き・悲しみ　社長ご急逝の悲報に接し、私は絶句するほかございませんでした。まことに残念です。まして貴社の皆様やご遺族の方々のご胸中はいかばかりでございましょうか。心からお悔やみを申し上げます。

思い出・人柄　山本社長には、公私にわたり長い間大変お世話になりました。この思いは、私ひとりではありますまい。

山本産業は、私ども取引先にとりましては、枝葉を支える太い幹のような存在でした。当然、こちらがお世話になるばかりの図式になりがちですが、そこに山本社長のご配慮がありました。

社長は、ほんのささいなこと、たとえば棚卸のときに「若い人を一人か二人、貸していただけませんか」と連絡をくださる――。私どもにとってなんでもないことですが、実際のところは貴社の方々だけで人手が十分に足りているはずです。そして、作業が終了すると社長は「お陰で、

ここがポイント

◆個人的な体験を語る場合に注意したい点

個人の思い出や人柄について語る場合に、個人的な交流やごく狭い範囲内でのつき合いに関する事実をそのまま語っても、ほかの会葬者には「そんなことがあったのか」という程度の反応しか得られません。

話に普遍性を持たせるには、たとえば上例の「思い出・人柄」の二行目にある「この思いは……ありますまい」、同十五行目の「多くの方々にも……存じます」のような言い方をすると効果的です。

今回は本当に助かりました。ありがとう」とお礼を言われる。社長はそのようにして、お世話になっているばかりの私どもの気持ちの負担を軽くしてくださっていたのです。

人の器ということばがございますが、これほど大きく、深く、温かい器を、私は自分の周囲で見い出すことはできません。この気持ちは、多くの方々にもご賛同いただけるのではないかと存じます。

心境など　さて、山本産業様は、昨年度から新たな業務展開を始めておられました。それが軌道に乗り始めた矢先のこのたびの突然の出来事に、さすがの山本社長も少なからずとまどいを感じていらっしゃることでしょう。ご無念でございましょう。

しかし、社長に鍛え上げられた会社の皆様は、必ずや社長のご遺志を継ぎ、維持発展させていかれるものと確信しております。私どもも、いたずらにあわてふためくことなく、非力ながらできるかぎりのお手伝いをさせていただく所存です。どうか、心を安んじてお眠りください。

結　び　山本社長、私ども一同は、ご生前に賜った数々のご厚誼に対し改めて深い感謝の意を捧げ、社長のご冥福を心からお祈り申し上げて、蕪辞《ぶじ》ながらお別れのご挨拶といたします。

◆今後の支援を誓うことばを添える

故人が組織のトップであった場合、最も心残りなことは組織の維持・発展ということでしょう。

故人に語りかける弔辞では、その点に配慮して、「社長の遺志を受け継いで組織を発展させていく」という趣旨のひと言を加えましょう。

部外者の場合は、「そのための支援を惜しまない」という意味のことばを贈るのが一般的です。

私立学校の校長から理事長へ（故人＝80代・病死）

冒頭挨拶　本日、ここに学校法人澄田学園理事長・故澄田育雄殿の学園葬を執り行なうに当たり、謹んでご霊前に申し上げます。

死去の報告　澄田理事長は、昨年十月に病の床に着かれ、懸命な治療が施されましたが及ばず、二月十三日未明に、八十五年の情熱あふれる生涯に幕をおろされました。全教職員を代表し、ここに深く哀悼の意を表します。

経歴・業績　澄田理事長は、お父上の澄田龍男殿が創立された澄田学園○○中学校ならびに高等学校の運営を、昭和四十九年に引き継がれ、以降、昭和五十年代に小学校と幼稚園を、また同六十二年には短期大学を創設され、お父上が何よりも願っておられた全人一貫教育のシステムを着実に完成されました。

また、若者の国際感覚を養成するために、海外姉妹校との間に相互ホームステイ制度を創設し、さらには児童・生徒・学生の芸術・文化感覚を養う一助にと、澄田アカデミーホールの建設にも着手されました。ホ

ここがポイント

◆故人の経歴・業績を述べるときは

故人の経歴・業績は、細部を整理し、主要な点だけを取り上げましょう。

できれば、故人が一貫してめざしていたことはどんなことだったのかが、よくわかるようにまとめたいところです。

経歴・業績のうち、とくに詳しく述べたいことがある場合は、まずひととおり全体に触れたあとで、改めてその点を述べるようにすると、まとめやすく、また聞く人にも理解しやすい弔辞になります。

ールにつきましては現在、竣工へ向けて鋭意工事が進められており、来春にこけら落としの予定となっております。その文化の殿堂の完成を待たずに逝去されましたことは、まことに残念なことでございます。

澄田理事長のエネルギッシュなご活動とご業績の数々は、まことに余人の及ばぬところでございますが、理事長はつねづね「前の理事長が敷いたレールを少し伸ばしているだけですよ」と口にされていました。

あるいは、そうかもしれません。そうかもしれませんが、社会情勢の大きな変化の中にあって、たゆまずに着々と歩を進められましたことは、驚嘆に値することといえるでしょう。私ども後進の者は、まさに鑑《かがみ》とすべき方です。

心境など　理事長は、さらに多くの夢をお持ちでした。そのいくつかは、具体的にお聞きしております。私ども一同、そのご真意に深く思いをいたし、前理事長から理事長へと受け継がれた理想を、さらに追い求めてまいる所存でございます。

結　び　理事長にはご逝去に際し心残りのこともおありになることと存じますが、私どもの覚悟のほどをご理解いただいて、どうか安らかにお休みください。ご冥福を心からお祈り申し上げます。

こんな表現法もある

【心境の決まり文句】

●理事長（○○殿・○○さんなど＝以下同じ）が敷かれたレールをはずれることなく、運営に携わってまいる所存です。

●理事長が固められた基盤を大切にし、さらなる発展の足がかりとさせていただく所存です。

●高いところから理事長にいつご覧いただいても恥ずかしくない運営を心がけてまいります。

●理事長の足跡を汚さぬよう、職員一同、心をひとつにして鋭意努力してまいる所存です。

卒業生代表として校長へ（故人＝50代・病死）

呼びかけ　渋谷学園○○高等学校校長・故清水弘明先生に、卒業生を代表し、謹んでお別れのご挨拶を申し上げます。

驚き・悲しみ　本日、こうして清水先生をしのび、弔辞を捧げることになり、まことに残念で、惜別の念にたえません。

思い出・人柄　清水先生は、私が○○高校在学中に校長になられました。ですから、教頭先生としてご活躍の時代から存じ上げております。

当時は、お手すきのときはいつも校内を巡回され、生徒と目が合うと必ずひと言、温かい声をかけてくださいました。ただ、私たちがあまり感心できない行動をしているときに出会いますと、その声に何かすごみのようなものを感じて、背筋を伸ばさざるを得ませんでした。

そんな清水先生が校長に就任され、初めて生徒の前で挨拶をされたときのことをよく覚えています。先生は、「伝統」をテーマにしたお話をされました。あの年齢の生徒には、伝統ということばはピンと来ないもので、ともすれば反発さえ感じます。私にもその傾向がありました。

ここがポイント

◆自分の立場を踏まえる

同じ卒業生代表でも、故人となった校長の代に卒業した人、あるいは同窓会のまとめ役のような立場の人など、いろいろなケースがあります。

自分はどんな立場であるかを念頭に置いて、弔辞を述べることが大切です。

故人の活動ぶりをよく知っている人は、具体的なエピソードを交えて、またそれほど深い接触のなかった人は経歴・業績など客観的なところに焦点を当てて文案を練るとよいでしょう。

ところが、お話をうかがっていると、伝統を尊重せよとか、伝統を守り続けよとはいっさい言われない。言われないから、反発心も生まれません。校長先生は、ただ諄々《じゅんじゅん》と伝統というものの意味と本質を、若者にもわかることばで話されました。

校長先生がなぜそんな話をされたか、すぐにはわかりませんでしたが、一年後の卒業式の日に気づいたのです。私は、この学校を愛している、この学校の卒業生になることに誇りを持っている――。その実感こそが、校長先生が話された「伝統」につながっているのだということに。

伝統がすべてではなく、その伝統の最先端にいること、それを意識することが重要なのだという、本当に大切なことを教えていただきました。

心境など　今、清水先生は、この高校の伝統の最も新しい柱になられました。校長先生の教えは、自然に○○高校の未来へと受け継がれていくことでしょう。

結び　先生とのお別れは、深い悲しみではありますが、凛《りん》とした心境でもあります。私たちの上にこれからも先生の温かいまなざしが注がれていることを信じ、送別の辞ではなく感謝の心を捧げて結びとさせていただきます。校長先生、本当にありがとうございました。

◆故人の人生を〝解説〟してはいけない

経歴や業績、人柄を語る場合に、故人の生き方について、解説したり評価するような言い方をする人がいます。

そのような弔辞は、はなはだ僭越なことで、聞き苦しいものです。

「感銘を受けた、尊敬していた」という思いを、心を込めて述べることが重要なのであって、解説や評価をすることと混同してはいけません。

研究者として著名であった大学教授へ（故人＝50代・事故）

呼びかけ　謹んで水野隆文教授のご霊前に申し上げます。

驚き・悲しみ　八月二十日の航空機事故のニュースで、先生のお名前を耳にしたとき、私は同姓同名の人だろうと思っていました。ところが、すぐに詳報が流れ、アナウンサーがはっきりと「民俗学者で○○大学教授の……」と言っているのを聞き、愕然《がくぜん》としました。

悲しいとか、残念とか、そのような思いではありません。思考が停止し、ただブルブルと震えるばかりでした。その震えは今も収まりません。

思い出・人柄　目を閉じると、水野先生のあのお姿が浮かんできます。ひげ面に、ほころびかけた帽子をのせて、そして先生ご自身が「よそ行き兼パジャマみたいなもんです」と称された背広をお召しになって――そう、どなたもご存じのあのお姿です。親近感あふれる先生のお姿を思い浮かべると、体の震えもいくぶんか鎮まります。

経歴・業績　だれが名づけたのか、水野先生はいつのころからか「民俗学界のファーブル」と呼ばれていました。親しみ深いお姿がそのニッ

ここがポイント

◆専門的な内容に偏らないように

故人が研究者であり、弔辞を読む人も同じ分野の研究者であるというケースでは、経歴・業績を語る部分で、どうしても専門色が出てしまいます。

ある程度はやむを得ませんが、できるだけ一般の人にもわかるような内容・表現になるように心がけたいものです。

クネームにつながっていることは申すまでもありませんが、さらに今は残滓《ざんし》となってしまっている民俗学上の痕跡《こんせき》を、昆虫学者が虫めがねで細かく丁寧に観察するようにお調べになる、そのご様子こそがあの親しみ深いニックネームの由来であると、私は思っております。

先生のご研究の成果については、今さら申すまでもないでしょう。私がここでとくに心に刻んでおきたいのは、先生は、ご研究の成果を整理してインターネットのホームページで紹介される一方、小・中学生向けのご著書にもまとめられ、それだけでも四冊を上梓されていることです。多くを申さずとも、その二つの事実と、先生のご風貌を重ね合わせるだけで、水野先生像が眼前に彷彿《ほうふつ》としてまいります。そのような先生とお会いできた私たちは、本当に幸せです。

心境など　先生ご急逝の悲報は、名状しがたい衝撃となりました。しかし、私は、依然として先生が一、二週間か、一、二か月もすると、あのゆったりとしたお声で「ただいま戻りましたよ」と顔をお見せになる——そんな気がしてなりません。いえ、たとえお姿は見えずとも、私たちのこれからを、ずっと見守っていてくださるでしょう。

結び　水野先生のご冥福を心からお祈り申し上げます。

こんな表現法もある

【故人の業績を簡略化して表現する場合】

- ●○○先生の業績については、すでに皆様がご存じのとおりではございますが……
- ●○○先生のご活躍ぶりについては、今さら申しても屋上屋《おくじょうおく》を架《か》すことになりましょうが……
- ●○○先生の広範なご活動は世に知られていることでございますが、私はとくに……
- ●○○先生が遂げられた偉業につきましては、あえて申すまでもないことですが……

職員・医師を代表して病院長へ（故人＝60代・急死）

呼びかけ　医療法人○○会上野総合病院院長・故牧野俊介殿の病院葬に当たり、謹んでご霊前に惜別の辞を捧げます。

死去の報告　牧野院長は、二月四日、秋田への出張の帰途、航空機内で体の変調に見舞われ、羽田に到着後、ただちに最寄りの救急病院で救命措置がとられましたが、いかなる手立てのかいもなく、五日未明に帰らぬ人となってしまわれました。享年六十八歳で、旅立たれるにはまことに惜しいご年齢でございました。上野総合病院の全医師と医療スタッフ、職員を代表し、ここに深く哀悼の意を表します。

経歴・業績　牧野先生は、かっては患者さんの訴えに丁寧に耳を傾けられる医師として、多大な信頼を集めておられましたが、平成○年に第三代院長にご就任以降は、最新の医療システムづくりに取り組まれ、多くの実績を上げてこられました。また、病院としての診療科目の見直しと、それに伴う人員配置の適正化、外来診療室配分の適正化など、つねに地域医療の核となるにはどうすべきかを念頭に、さまざまな改革に取

ここがポイント

◆死去の直前まで精力的に働いていた様子を

故人が働き盛りであり、多くの実績を残しつつ、将来も活躍が期待されていたような場合は、「経歴・業績」や「心境など」の部分で、その点に触れるようにします。

急死のときは、死の直前まで精力的に活動していた旨を表現すると、話に一層リアリティーが加わります。

り組まれました。
そのご姿勢が病院の内外から高く評価され、多方面から表彰の打診がありましたが、院長は「たまたま組織の長の立場にいるだけで顕彰されるのはいかがなものか」とお考えになり、個人的な表彰はすべて辞退されました。今、院長室には病院を対象とした県知事表彰だけが掲げられています。これこそまさに牧野院長のお人柄の証と申せましょう。

心境など　このたびの秋田ご出張も、同様の志のもとに活動していらっしゃる秋田県内の病院の視察が目的でした。機内で休息をとる暇も惜しまれて、パソコンに視察の成果を入力されていた最中に体調を崩されたとのことです。先生ご自身にとっても、私たちにとっても、まことに残念なご殉職という結果になりました。
私たち一同は、先生の医療に対する姿勢と情熱を、全員で受け継いでまいります。一人ひとりはつたなくとも、一丸となって継承していく覚悟をしております。院長先生、どうか私たちを、そして上野総合病院を、いつまでもお見守りください。

結　び　牧野院長、どうか心安らかにお休みください。ご冥福を心からお祈り申し上げます。

こんな表現法もある

【遺族への心配りを表わすことば】

弔辞の構成要素としては少し本筋からはずれますが、遺族への心配りのひと言を添えると、より丁寧な印象になります。

- 私は、仕事上の側面からのみ故人への思いを語ってしまいましたが、何よりご遺族のご心中を拝察し、心からのお悔やみを申し上げたいと存じます。
- ご遺族の皆様のご胸中はいかばかりかと存じ、衷心よりお悔やみを申し上げます。

協会（連合会）の理事長へ（故人＝80代・病死）

呼びかけ　○○市文化団体連合会理事長・故太田一喜殿のご霊前に、連合会を代表してお別れのご挨拶を申し上げます。

死去の報告　太田理事長は、かねてより病気ご療養中のところ、九月二十三日、薬石効なく、ご家族に見守られながら八十五年の生涯を閉じられました。ここに深く哀悼の意を表しますとともに、奥様はじめご遺族の方々に心からお悔やみを申し上げます。

経歴・業績　太田さんが理事長に就任されたのは、平成○年のことでしたから、足かけ十年にわたって活躍されたことになります。

この十年間は、私にとっては意外に短く感じられます。太田理事長が、それだけ存分のご活躍をされ、きわめて充実した十年であったからでございます。

市文連は、市民文化祭の主催と、各文化団体の活動の後援を主な任務としております。文化活動の場の提供をもって文化振興を図ることが目的となっているわけですが、太田理事長は別の観点をも加えられました。

こんな表現法もある

【理事長・会長などの人柄を表わす決まり文句】

- つねに行き届いた配慮をされる方でした。
- だれにも分け隔てなく接する方で、理事長をお慕いしている者は数知れません。
- 人を自然に動かすことのできる方で、卓越したリーダーシップをお持ちでした。
- 研究心旺盛な方で、それが率先垂範の原動力でもあったかと推測……
- 会長は何よりも筋の通らないことをお嫌いになる方でした。

それは、市民文化祭市長賞創設と、「町角一芸教授」制度の発足です。前者は市の文化的水準を高めるものであり、後者は市民の文化意識を高めるものとして発想されたものと理解しております。これらが実現し得たのも、ひとえに太田理事長の秀でた企画力と、強力なリーダーシップによるものであります。

心境など　太田理事長は、また丸正電気株式会社の会長であるとともに、市文連加盟団体の一つである「高峰俳句会」の会長でもいらっしゃいました。そのどのお役目も、渾身の力をもって務められていた旨、承っております。その太田さんがご逝去され、悲しみととまどいの輪が、波紋のように幾重にも広がっていることを実感しています。まことに大きな存在を失ってしまいました。

しかし、私たちがここで力を落としては、理事長に喝《かつ》を入れられそうです。今のこの脱力感を反発力に変えてこそ、理事長の意にかなうに違いありません。今後、私たちは、判断し決心するに際して「太田理事長ならどうお考えになるか」を念頭に置いて処してまいります。

結　び　太田理事長、多方面にわたってのご活躍、お疲れさまでした。そして本当にありがとうございました。ご冥福をお祈り申し上げます。

ここがポイント

◆**大げさすぎる表現は逆効果になる**

故人の経歴や業績、人柄については、弔辞では少々大げさに表現するのが一般的な傾向ですが、度が過ぎると、話に品位がなくなり、そらぞらしい感じになってしまいます。

〝だれもがそう思う〟という範囲を考えて、上品に故人をたたえましょう。

著名な詩人であった旧友へ（故人＝30代・急死）

呼びかけ　真の天才であり、真の友人であった田口栄吉君の御霊《みたま》に捧げます。

驚き・悲しみ　田口君――いや、これではきみに話しかけている気がしない。失礼であることを承知のうえで、今までどおり「吉ちゃん」と呼ばせてもらうことにします。しかし、どう呼んでみても、きみは忽然《こつぜん》として私たちの前から姿を消してしまった……、もうあの飄々《ひょうひょう》とした風貌も肉声も別の世へ行ってしまった……。

「谺《こだま》すら戻らぬ静けさは悲しみ／透明から逃れられぬ湖底は悲しみ」

吉ちゃんは、かつて悲しみをこう表現していた。真の天才なら表現できるかもしれないが、私にはやはり無理だ。思いを伝えられないことが、何よりも悲しい。

思い出・人柄　吉ちゃんには、いろいろなことを教えてもらった。いや、きみと一緒にいると、いろいろなことがわかる気がしていた。わかったつもりでひと言話すと、吉ちゃんは必ず「あのなー」と困ったよう

ここがポイント

◆故人の作品の一節を朗読するときは

故人の作品（長いものはその一部）を弔辞の中で朗読し、故人をしのぶよすがにしたい場合は、取り上げる作品の内容と、弔辞の内容との間に、なんらかの関連性を持たせることが基本です。

作品を朗読するときは、その前後でひと呼吸置いて、声の調子をほかの部分とは少し異なる印象にしましょう。

短い作品なら、二度繰り返すと、会葬者の心によく届くはずです。

な顔をして、私とはまったく違う角度と感性から〝解説〟をしてくれた。その解説は、ときには私をさらに混乱に陥らせるのだったが、そんな時間が無性に楽しかった。

私は、冒頭で「真の」と二度も言った。意識的にそうしたことを吉ちゃんはすぐに気づいたことだろう。「真の」というのは、きみが最も嫌ったことばの一つなのだから——。いつか私がこのことばを口にしたとき、きみは「あのなー、その〝真の〟ってどういう意味だ？」と聞き返してきた。簡単に「真の」などということばを使うな、というのが吉ちゃんのスタンスだった。そのスタンスで作品を表現してきた——。

心境など　きみの人生や作品の解説めいたことを言うのは、もうやめよう。ただ、私が冒頭できみが嫌ったことばをあえて用いたことは、理解してほしい。簡単に使ったのではない、単純な思いで用いたのではない——そう理解してほしい。

結　び　ペンネームで虚飾をするのはいやだと言い、ちょっとかっこ悪いけどと言いつつ「田口栄吉」で通したきみに、改めて敬意を表し、そんなきみをしのびつつ、呼ばせてもらおう——田口栄吉君、いよいよお別れです。眠りたければ存分に眠りたまえ。お休みなさい、吉ちゃん。

ここがポイント

◆**愛称で呼ぶときに気をつけたいこと**

団体葬などでは、弔辞を格調高くまとめることが求められます。

故人を愛称で呼んでも違和感や無礼さを感じさせないのは、故人とそれだけ親しく接した人に限られます。

そのような親しい関係でも、愛称の連発は避けるのが原則です。愛称だけで通さず、「きみ・あなた」や個人名を織り混ぜながら、全体の品位を保つように配慮しましょう。

「お別れ会」「しのぶ会」

●「お別れ会」の一般的なパターン

故人の遺志や家族の希望で、宗教にとらわれないで、自由な形式で営む「お別れ会」や「しのぶ会」が増えつつあります。無宗教ですから、従来の葬儀のように「死者を弔う儀式」という意味合いはなく、故人と親交のあった人たちが集まり、パーティースタイルで行なうのが一般的です。演出も自由ですから、これといった式次第はありませんが、お別れ会の代表的なパターンをあげてみましょう。

①開式のことば（開式の宣言だけでなく、なぜこのような葬儀スタイルを選んだのか、趣旨を説明する）
②黙祷（司会者の合図で1分間黙祷する）
③スピーチ（弔辞）
④献花
⑤喪主または遺族代表の挨拶
⑥最後の別れ
⑦閉式のことば
⑧会食または茶話会

会場としては、自宅、ホテル、公共施設などを利用することが多いようです。ただし、ホテルは遺骨の持ち込みを禁ずるなど制約がありますから、その点も考慮しましょう。

●弔辞ではなくスピーチをすることが多い

従来の弔辞朗読は、遺影に「○○さん」と呼びかけるなど、故人の魂へ向けて語りかけるという形をとりますが、無宗教の場合は、故人に対してではなく、参会者に向けて語るスタイルのほうが自然です。つまり、弔辞というより、スピーチの色合いが濃くなります。

第5章

葬儀・告別式での喪家側の挨拶

挨拶をする人が心得ておきたいこと

挨拶は出棺時に行なうのが一般的

葬儀は死者を弔う儀式で、告別式は故人とゆかりのある人たちが最後の別れをする儀式とされ、以前は別々に営むのが慣例でした。

最近は、会葬者の負担を軽くするために、葬儀が終わったあと、引き続いて告別式を行なうことが多くなっています。

葬儀と告別式を分けて行なう場合は、葬儀後に喪主が、また告別式後に親族代表が挨拶をするというように二回行なうのがふつうですが、式の形式や進め方によっては、葬儀後の挨拶は省略されることもあります。

葬儀と告別式を続けて行なう場合は、告別式後の出棺時に、棺を霊柩車に安置したところで、喪主または親族代表が、会葬者に向かって挨拶をするのが一般的です。

社葬やお別れ会で挨拶する場合は

社葬・団体葬・学校葬などは、その組織で大きな功績を残したり、重要な地位にあった故人を追悼するために行なわれます。葬儀の規模が大きく、実際の運営は葬儀委員会が取り仕切り、葬儀委員長が喪家側の代表となります。葬儀委員長は、儀式の主催者として会葬者へお礼の挨拶をしますが、どの時点で挨拶をするかは、式次第によって異なり、とくに決まりはありません。

お別れ会は、本葬とは別に故人と親しかった人たちが集まって行なう追悼の会で、やはり主催者を代表して世話人代表が謝辞などを述べることになります。

喪家側の挨拶の基本パターン

葬儀・告別式での喪家側の挨拶は、内容的には通夜での挨拶と重複する部分がありますが、通夜に参列していない一般会葬者が大勢いますので、通夜省略しないで丁重にお礼を述べるようにします。

構成のしかたは、葬儀・告別式へ参列してもらったことへのお礼を中心に、喪主であること（代理の場合はその旨と故人との関係）を告げ、差しつかえない範囲で死因や闘病中の状態、最期の様子などを簡単に報告します。

そのほか、エピソードを交えて心に残った出来事を紹介してもよいでしょう。さらに、故人が生前にお世話になったことを心から感謝し、残された者としての心境・決意を述べ、これまでと変わらないおつき合いや支援をお願いして、最後にもう一度お礼を述べて締めくくります。

なお、通夜で挨拶を述べた場合は、そっくり同じ内容にならないように、少し切り口を変えて話しましょう。

しめやかな儀式にふさわしい話を

喪家側の挨拶の中でどうしても触れなければならないのは、会葬へのお礼と生前の厚誼に対するお礼、今後への支援のお願いなどです。

故人の思い出や闘病生活（死因）などについては、悲しみを呼び覚ますだけならばあえて語る必要はありません。故人をしのぶつもりで話すなら、できるだけ故人を彷彿《ほうふつ》とさせるエピソードを交えたいものです。

ただし、あまりにも破天荒なエピソードでは、しめやかな告別式の雰囲気を壊しかねないので注意が必要です。

もし、気持ちが乱れてうまく話せない場合は、心を込めてお礼を述べるだけでも十分です。

父を亡くした長男として

① 会葬へのお礼

私は、故田中春男の長男で田中幸彦と申します。喪主として、ひと言ご挨拶を申し上げます。

本日は、お忙しいところを亡き父の葬儀に多数ご参列くださいまして、まことにありがとうございました。お陰さまで、滞りなく式をすませることができました。

② 死去の報告

父は、三月二十日午前八時四分に、家族に看取られながら息を引き取りました。享年七十八歳で、死因は胃がんでした。私ども家族は、父に病名を知らせるべきかどうか悩みましたが、結局、告知はせずに、父の望みどおり自宅で療養してもらうことにしました。高齢だったので手術も抗がん剤の投与もせず、痛み止めだけを用いた闘病でした。それでよかったのか、今でも答えが出せません。

ただ慰めは、父も死期を悟っていたようで、平穏な日々を送り、実に穏やかな顔で人生の幕をおろしたことでした。

① 会葬へのお礼
喪主とあまり面識のない人が参列している場合は、自己紹介をしてから、会葬していただいたことへのお礼を述べます。お礼と自己紹介は、順序を入れ替えてもかまいません。

② 死去の報告
通夜の席で報告したとしても、通夜に参列していない人がいるはずですから、改めてここで伝えます。
死因については、差しさわりがある場合は省いてもかまいません。

③ 故人の思い出

晩年の父は、まるで仙人のように何事にも達観し、やさしくて慈愛に満ちた目をしていました。

私が、高校生の息子の進路のことで妻と言い争ったりすると、「長い年月でみれば、そんなことはたいしたことではない。本人の好きなようにさせてやればいい」と、ぽつりとつぶやくのです。「ああ、おやじは大きいなあ」と思わずにはいられませんでした。

④ 厚誼へのお礼・お願い

そんな父を温かく支えてくださったのは、ここにお集まりいただいている皆様でございます。長い役所勤めでのご支援はもちろん、退職後は趣味のお仲間の皆様、老人会の皆様に大変お世話になりました。

父は亡くなりましたが、遺族の者たちは、この地で皆様におすがりして生きております。今後とも父の生前同様に、変わらぬご厚誼を賜りますようお願い申し上げます。

⑤ 結　び

本日は、最後までお見送りいただき、父もきっと満足していることでしょう。父に成り代わりまして厚くお礼申し上げます。本当にありがとうございました。

③ 故人の思い出
いちばん印象に残っている故人のことばや生活ぶりなどを紹介します。具体的に話したいところですが、なまなましい話は避けます。

④ 厚誼へのお礼・お願い
故人が生前お世話になったことへの感謝と、今後の遺族に対する支援をお願いすることばは欠かせません。

⑤ 結　び
もう一度、会葬してもらったことへのお礼を述べます。

喪主の挨拶

長男としての挨拶①（故人＝父・90代・老衰）

会葬へのお礼　本日は、お忙しい中を、父健三の葬儀・告別式にご参列いただきまして、まことにありがとうございました。

死去の報告　父はここ数年、老人性痴呆症を患っておりまして、施設での介護をお願いしたこともございました。昨年からは体も弱ってほとんど寝たきりになり、自宅へ戻って療養しておりましたが、一昨日黄泉《よみ》の国へと旅立ちました。家族に看取られての静かな最期《さいご》でした。

思い出・人柄　仕事をしておりましたころの父は頑固で、怖いおやじでしたが、晩年はこれがあの父かと驚くほど無邪気で、幼児に返ったようでした。苦労はさせられましたが、父は幸せだったかもしれません。

結び　父が生前賜りましたご厚誼に対し、心からお礼を申し上げまして、ご挨拶とさせていただきます。ありがとうございました。

ここがポイント

◆病名を告げるときはこんな配慮を

故人の死因を報告する場合は、病名や病状を詳細に語る必要はありません。

上例のような、痴呆症という病名は、本来なら伏せておきたいところです。それをあえて持ち出すのは、幼児に返った父の心の平安を強調したいためです。

このような配慮のもとに病名を告げるのならよいのですが、悲惨な状況を連想させるような説明は避けるべきです。

長男としての挨拶②（故人＝母・60代・病死）

会葬へのお礼　故人の長男の友也です。遺族を代表して、ひと言ご挨拶を申し上げます。本日は、小雨の降る中を母栄子のためにご参列くださいまして、ありがとうございました。お陰さまで、無事に葬儀を執り行なうことができました。

死去の報告　母は、一昨日の午後二時十四分に、入院先の○○市立病院で、六十四歳の生涯を閉じました。死因は乳がんでした。平均寿命が延びた昨今では早すぎる死といえるかもしれませんが、これも定めとあきらめて、冥福を祈りたいと思っています。

厚誼へのお礼　母の存命中は皆様に何かとお世話になり、遺族として深く感謝しています。とくに入院中は大勢の方に見舞っていただき、母もどんなにか元気づけられたかしれません。故人に成り代わりまして、心からお礼を申し上げます。

結　び　本日は、最後までお見送りいただきまして、ありがとうございました。皆様のご健勝をお祈りして、お礼のご挨拶といたします。

こんな表現法もある

【会葬へのお礼】

- 大変お忙しい中を、また遠方からわざわざお運びいただきまして……
- 本日は、母○○のお別れに、遠路はるばるお越しいただきまして……
- このような悪天候にもかかわらず、亡き父のためにご会葬いただき、厚くお礼申し上げます。
- 本日は、突然のことでしたのに、このように多数の方々にご焼香を賜り、お別れをしていただきまして、○○もさぞ感謝していることと存じます。

長男としての短い挨拶①（故人＝父・80代・病死）

会葬へのお礼　皆様、本日はお忙しい中を、父松原要作の葬儀・告別式にご参列くださいまして、まことにありがとうございました。お陰をもちまして、つつがなく別れの儀式を執り行なうことができ、出棺の運びとなりました。

厚誼へのお礼　父が生前皆様からいただきましたご厚誼に対し、心からお礼申し上げます。今後とも変わらぬご厚情を賜りますよう、なにとぞよろしくお願い申し上げます。

結　び　本日は、ありがとうございました。

長男としての短い挨拶②（故人＝父・70代・病死）

会葬へのお礼　本日は、ご多忙中のところ、故平田勇の葬儀・告別式にお運びくださいまして、まことにありがとうございました。

死去の報告　父は、九月十九日に急性心不全で亡くなりました。享年

ここがポイント

◆会葬者を立たせていることに配慮する

喪主の挨拶は出棺時に行なわれるのが一般的ですが、その場合、会葬者を立たせていることに配慮しなければなりません。

しかも屋外であるのがほとんどですから、その日の天候や気温のことも考慮する必要があります。

寒い中や、かんかん照りの中で長い挨拶をしたのでは、会葬者に忍耐を強いることになりますから、簡潔で要領よくまとめるようにしましょう。

七十一歳でした。

結び　父が生前、皆様に一方《ひとかた》ならぬお世話になりまして、厚くお礼申し上げます。父亡き後も私ども遺族に対し、変わらぬご助力を賜りますようお願い申し上げ、簡単ではございますが、ご挨拶とさせていただきます。ありがとうございました。

長男としての短い挨拶③（故人＝母・50代・病死）

会葬へのお礼　山田信子の長男の貴史でございます。本日は、突然のことにもかかわらず、お暑い中をお越しくださいまして、まことにありがとうございました。

厚誼へのお礼　皆様のお陰で、おごそかでしめやかな最後のお別れができました。母もきっと満足して眠りについたことでしょう。お世話になりました皆様に、母に成り代わりまして心から感謝申し上げます。

結び　これからも、故人の存命中と同様におつき合いくださいますようお願いいたします。

皆様、本日は本当にありがとうございました。

こんな表現法もある

【香典や弔辞へのお礼】

- 本日は、過分なご芳志とご供物・ご供花をいただきまして、厚くお礼申し上げます。
- 先ほどは、お心のこもった弔辞を賜りまして、故人も草葉の陰でさぞ喜んでいることでしょう。
- 心温まるお別れのことばを頂戴いたしまして、故人も心おきなく旅立てたことと存じます。
- 皆様のお志に、故人も地下でさぞ感謝していることでしょう。

娘としての挨拶（故人＝母・50代・事故死）

会葬へのお礼　本日は母藤乃の葬儀・告別式でご焼香くださいまして、ありがとうございました。娘の私からひと言ご挨拶申し上げます。

厚誼へのお礼　私たちの家は母子家庭で、母が一生懸命に働いて私と弟を育ててくれました。また、本日ここにお集まりの皆様方にもご温情をかけていただき、いろいろと助けていただきました。心からお礼を申し上げます。

心境など　私は三年前に、弟は今年就職して、ようやく家計を助けることができるようになりました。これでやっと母を楽にしてやれる、親孝行らしいことができると思っていた矢先に、このたびの事故で母は突然私たちの前からいなくなってしまいました。本当に悔しいです。

でも、いつまでも泣いてばかりいては、大好きな母を悲しませるだけですから、これからは弟とふたりで強く生きていかなければと思っています。どうかこれからもご指導をお願い申し上げます。

結び　本日はご会葬いただき、ありがとうございました。

ここがポイント

◆事故死の場合も悲しみは抑えて

不慮の事故は、だれもが予想していなかったことだけに、悲惨な印象を与えるものです。

遺族が胸をえぐられるような悲しみに襲われるのも当然です。

しかし、感情をあらわにして儀式の席で泣いてはいけません。式の進行が滞ってしまいます。

故人を無事に冥土へ送り出すための儀式なのですから、喪主であることを自覚して、悲しみを抑える努力が必要です。

妻としての挨拶①（故人＝夫・60代・急死）

会葬へのお礼　神津英雄の妻の喜美子でございます。本日は、お忙しいところをお運びいただき、まことにありがとうございました。

死去の報告　数日前まで元気でおりました夫が、夜中に急に苦しみだしまして、救急車で病院へ運んだのですが、そのときはすでに息をしていない状態でした。心筋梗塞ということでしたが、本当にあっけないものでございます。それでも、長く苦しまなかったことがせめてもの幸いで、最期《さいご》は穏やかな顔をしておりました。「ぽっくり逝きたい」というのが口癖でしたから、本人の望みどおりだったのかもしれません。

厚誼のお願い　あまりにも急すぎて、私どもは取り乱したままですけれども、夫が見守っていてくれることを信じて、今後は家族が力を合わせて生きていくつもりです。皆様には、これからも夫と変わらぬご厚誼を賜り、私どもを叱咤激励してくださいますようお願いいたします。

結び　本日は、突然のことにもかかわらず大勢の皆様にご会葬いただき、ありがとうございました。心からお礼申し上げます。

ここがポイント

◆急死の場合の挨拶ではひと言お詫びを添える

きのうまで元気だった人が急死した場合は、遺族はもちろん、知らせを受けたすべての人が驚き、あわてしまうことでしょう。

喪主の挨拶では、その点を詫び、予定を変更してまで駆けつけていただいたことにお礼を言いましょう。

また、どうして亡くなったのか、死因や状況についても参列者は気にしています。差しさわりのない範囲で報告しましょう。

妻としての挨拶②（故人＝夫・70代・病死）

会葬へのお礼　皆様、本日はご多用のところ、またお足元の悪い中をご参列いただきまして、まことにありがとうございました。

死去の報告　夫は、五年前に大腸がんと宣告され、本人もそれを知って闘病に努めてまいりましたが、高齢でもあるために病に克つことができず、一昨日鬼籍に入りました。

思い出・人柄　若いころは亭主関白で、自分の思いどおりにならないと、ちゃぶ台をひっくり返すような人でしたが、病に倒れましてからはよく「すまない。ありがとう」と声をかけてくれるようになりました。根はやさしくて、家族思いの人でした。今になって気がつくなんて、私も愚かだったと、夫に手を合わせて謝っております。

厚誼へのお礼　夫が生前に皆様に大変お世話になりましたうえに、最後までお見送りいただき、故人に代わって厚くお礼申し上げます。

結　び　皆様のご健康とご長寿をお祈りいたしまして、ご挨拶とさせていただきます。ありがとうございました。

こんな表現法もある

【厚誼に対するお礼】

- 故人の入院中は、お心のこもったお見舞いや温かい励ましのお便りをたくさん頂戴しました。皆様のお情けにどれほど慰められたかしれません。
- 皆様には、大変お世話になりました。感謝のことばも残さずに逝ってしまった夫に代わりまして、心からお礼申し上げます。
- 長い間、趣味の会の皆様には親しくおつき合いいただき、また本日はこうして別れを惜しんでいただき、母もさぞ喜んでいることでしょう。

夫としての挨拶①（故人＝妻・40代・病死）

会葬へのお礼　歳末のお忙しいときにもかかわらず、このように大勢の皆様にご会葬いただきまして、心からお礼を申し上げます。

死去の報告　ご承知の方もいらっしゃるかもしれませんが、妻の病は白血病でした。三年前に医者に告げられたとき、目の前が真っ暗になったことを覚えています。長くても一年の命と言われたのを、妻は家族のために最後の力をふり絞って、その三倍の月日を生きてくれました。

心境など　その三年の間に、妻は貴重なものを残してくれました。

覚悟を決めた人間の強さと気高さとやさしさを、私と子どもたちに身をもって示してくれたことです。子どもたちは、そういう母親の姿からどれほど多くのものを学んだかしれません。

結　び　妻にはまだ多くの心残りがあったようですが、これからは私たち遺族が、彼女を安心させるために頑張らなければと思っております。皆様のご指導、ご助力をよろしくお願いいたします。

本日は、ありがとうございました。

ここがポイント

◆喪主が挨拶するときは遺族も同じ気持ちで

出棺の際は、喪主が位牌《いはい》を持ち、喪主に次ぐ血縁の人が遺影を持つのが一般的です。

喪主が挨拶を述べるときは、位牌は喪主の代理が持ち、遺影を持った人と並んで会葬者のほうを向きます。

喪主がおじぎをするときはほかの遺族も一緒におじぎをするのがマナーです。

喪主が挨拶を述べている間は、位牌と遺影は会葬者のほうへ向けておきます。

夫としての挨拶②（故人＝妻・80代・病死）

会葬へのお礼 皆様、本日はご会葬ありがとうございました。妻も、皆様との最後のお別れができて、きっと喜んでいることと思います。

思い出・人柄 皆様もご承知のように、妻は八十代になってから俳句を始めました。八十の手習いと笑っていましたが、なかなかできることではありません。月並みな俳句でしたが、本人の生きがいになっていました。ここで辞世の句となった、妻の遺作をご披露させていただきます。

猫やなぎ　狭庭のすみの　日溜まりに

病床《びょうしょう》から庭の猫やなぎを見て作った句です。平穏な心が感じられ、夫としても肩の荷がおりたような気がいたします。

厚誼へのお礼 俳句を習ったお陰で、晩年になってたくさんのお友だちができました。お見舞いにも来ていただき、心のこもった励ましもいただきました。ここに、改めてお礼を申し上げます。これからも、遺族に対してご芳情を賜りますよう、お願いいたします。

結び 本日は、お見送りありがとうございました。

ここがポイント

◆思うようにことばが出ないときはひと言でもよい

いざ挨拶をしようとしたとき、悲しみがこみあげてきて、考えていたことばがスムーズに出てこないこともあるでしょう。

そんなときは、会葬に対するお礼をひと言述べるだけでもかまいません。ただし、喪主としてきちんとした挨拶ができなかったことへのお詫びも簡単につけ加えましょう。

なお、喪主の挨拶は、原稿を用意して、それを見ながら挨拶をしても決して失礼にはなりません。

父としての挨拶①（故人＝息子・20代・事故死）

会葬のお礼 皆様、本日はお忙しい中を、お集まりくださいまして、まことにありがとうございます。お陰さまで、葬儀・告別式を無事に相すませることができました。

死去の報告 新聞でも報じられましたが、息子の淳平は山で遭難いたしました。それも雪崩《なだれ》に巻き込まれたとのことで、なんともやり切れない思いがいたします。

心境など 淳平は慎重な性格で、自然の怖さも十分に知り尽くしていました。装備はいつも大げさなくらいに万全で、「そんなものまで背負っていくのか」と私がからかうほどでした。それほど用心深い淳平が、大好きな山で命を落とすことになるとは……。雪崩という不可抗力の自然災害では、この怒りと悲しみのぶつけどころがありません。せめて、山で遭難する人が一人でも少なくなるようにと願うばかりです。

結び 生前、淳平と親しくしてくださった皆様に心から感謝し、山の事故防止への願いを込め、ご挨拶といたします。

こんな表現法もある

【故人の最期の様子を紹介することば】

● 父は享年九十歳でした。大樹が枯れて倒れるような大往生を遂げました。

● 母は、晩年は出歩くこともなく、楽しみはテレビぐらいでしたが、最期は好きな歌番組を見ながら眠るように……

● 病気を背負いながらも、息子は懸命に生きました。つらい治療にも耐え、学校へ戻れる日が来ることを信じていました。そんなあの子を、最後までよく頑張ったと、思い切り抱きしめてやりました。

父としての挨拶② （故人＝娘・幼児・病死）

会葬へのお礼　本日は、亜美の最後のお別れに、こんなにたくさんの皆さんにお集まりいただき、厚くお礼を申し上げます。

死去の報告　娘の亜美は元気な女の子でした。それなのに原因不明の高熱が続くようになり、病院を何軒も回ったのですが、なんの治療も受けられぬまま、幼い命を散らすことになりました。日進月歩といわれる現代医学でも、原因がわからなければ処置のしようがありません。

　亜美のあまりのふびんさに、きっと天使が天国へ連れ去ったのだとでも思わなければ、あきらめることができません。

生前のお礼　親としては悔やみきれませんが、お世話になった方へご挨拶をしなければ、亜美に叱られてしまいます。とくに仲良くしていただいた幼稚園のお友だちには、心からありがとうを言います。亜美は皆さんの前から消えたわけではなく、お空の上から皆さんのことを見守っているのです。ときどきお空を見上げて、お話ししてください。

結　び　今日は、本当にありがとうございました。

ここが知りたい

◆逆縁の場合はこのような風習がある

　親を見送るはずの子どもが、親よりも先に亡くなることを「逆縁」といいます。これは最大の親不孝とされ、親は喪主にはならず、火葬場にもついて行かないという風習があります。

　今も受け継がれている地方があるようですが、親の気持ちとしては、喪主として子どもを見送りたいのは当然のことです。

　そのようなことから、現在は親が喪主を務め、火葬場にも同行して、すべてを見届けるのがふつうになっています。

母としての挨拶（故人＝娘・10代・自殺）

会葬へのお礼　皆様、本日は理英のお見送りにお越しいただき、また心に響くご弔辞を賜り、母親として心からお礼を申し上げます。

死去の報告　理英は、先週の土曜日に、みずから若い命を絶ちました。短い遺書はありましたが、結局、原因はわかりませんでした。

心境など　このたびの不幸については、なんと申し上げてよいかことばもございません。なぜもっと理英の心をわかってあげられなかったのか、自責の念にかられるばかりです。

今後への思い　今は何も考えられない状態ですが、せめて理英のような不幸が二度と繰り返されないことを願っています。ですから、若い皆さんにお願いします。ひとりで悩んで死に急ぐ前に、残される親の悲しみを考えてほしい。あなたが亡くなったら親がどんなに悲しむかを、考えていただきたいのです。

結び　取り乱してしまいましたが、いろいろとお世話になりました皆様に心からお礼を申し上げまして、ご挨拶といたします。

ここがポイント

◆自殺の場合はとくに冷静な挨拶を

自殺という特殊なケースでは、死因や最期の状況などを無理に話すことはありません。

また、自殺に深くかかわっている人がいたとしても、その人を非難するようなことばは、この場では控えます。あくまでも会葬者へのお礼が中心であることを忘れてはいけません。

もうひとつ大事なことは、どのような事情があったにせよ、あたかも自殺を肯定するような発言も避けるべきです。

親族代表の挨拶

弟としての挨拶①（故人＝兄・70代・病死）

会葬へのお礼　故人の弟の二宮弥助と申します。喪主である兄嫁が通夜から体調を崩しておりますので、親族を代表してひと言お礼のご挨拶を申し上げます。本日は、兄二宮辰三の葬儀・告別式にご参列いただき、まことにありがとうございました。

死去の報告　兄は五年前に脳梗塞《こうそく》で倒れ、入院してリハビリに励んでおりましたが、二月五日の早朝に、退院することなく、七十九年にわたる生涯を閉じました。傘寿を前にしての逝去は残念と言わざるを得ません。

厚誼へのお礼　皆様には、生前故人がご厚誼を賜りまして、深く感謝申し上げます。私ども遺族に対しましして、これまでと変わらぬご指導、ご鞭撻を賜りますようお願い申し上げます。

結　び　本日は、お見送りありがとうございました。

ここが知りたい

◆**喪主の代わりに親族が挨拶するときは？**

喪主は、故人といちばん身近な人が務めるのが習わしです。

一般的には、①配偶者、②子ども、③親の順位になります。

いずれも故人と同居していた人が務めることになっています。

配偶者が高齢だったり、子どもが未成年の場合、あるいは喪主がショックで寝込んでいるときなどは、兄弟姉妹、おじ・おばといった人が、親族を代表して挨拶をします。

弟としての挨拶②（故人＝姉・90代・老衰）

会葬へのお礼　本日は故・鹿島香奈江のためにご焼香いただきまして、ありがとうございました。私は、故人の弟の加賀宗太郎と申します。親族を代表して、ひと言ご挨拶を申し上げます。

死去の報告　姉は、おととい の夕方、老衰で眠るように息を引き取りました。享年九十九歳で、白寿の祝いをした翌日のことでございました。

思い出　姉と私は、親子ほども年が離れておりまして、私は姉に育てられたようなものです。口うるさくて、世話焼きで、小学校を卒業するころまで、自分の母親は姉だと信じていたくらいです。

しかし、その姉も、九十歳を過ぎてからは年輪を重ねた大樹のように、何事にも動ぜず、静かにほほえんでいるだけで、日なたのような温かみを感じさせるいいおばあさんになりました。

結　び　その大樹も、支えてくださる皆様がいなければ大地に根が張れなかったと思います。百年に及ぶ姉の生涯を支えてくださった皆様に、心からお礼を申し上げてご挨拶といたします。

ここがポイント

◆**親族として遺族への指導・協力をお願いする**

親族代表の挨拶は、内容的には喪主のそれと同じですが、次のような点を盛り込むことが必要です。

①自己紹介をして、故人との関係を述べる。

②喪主が挨拶できない事情を簡単に説明する。

③自分たちも遺族への支援を惜しまない旨を告げ、会葬者にも今後の指導や協力を依頼する。

兄としての挨拶①（故人＝弟・40代・変死）

会葬へのお礼　私は、和行の兄で孝行と申します。喪主である和行の妻の裕子が、突然の出来事にショックを受けて動揺しておりますので、代わってご挨拶を申し上げます。

本日は、故秋田和行のためにご会葬いただき、ありがとうございました。滞りなく葬式を終え、出棺のときを迎えることができました。ひとえに皆様方のお陰と、心からお礼を申し上げます。

死去の報告　ご承知の方もいらっしゃると思いますが、弟は先日、海で水死いたしました。事件に巻き込まれたということで、現在警察で取り調べておりますので、詳細は知らされておりません。ただ、どんな事情があろうとも、遺族としては弟の冥福を祈りたいと思います。

厚誼へのお礼・結び　本日は、このように大勢の方のお見送りをいただき、弟も感謝していることと思います。生前に皆様からいただきましたご懇情とご厚誼に対し、心よりお礼を申し上げます。また、残された家族の者へも、変わらぬご支援を賜りますようお願いいたします。

こんな表現法もある

【人柄を表わすことば】

- 私は仕事人間で、家をあまり顧みなかったのですが、そんな私に妻は黙って耐えてくれました。
- 「家族はいつも一緒」が口癖の母は、父が転勤になるたびに一家で引っ越しました。
- 兄は自分の我を通すということがなく、いつもみんなのことを第一に考える人でした。
- 私が申すのもなんですが、やさしい姉でした。だからこのように大勢の皆さんが別れを惜しんでくださるのだと思います。

兄としての挨拶②（故人＝妹・60代・病死）

会葬へのお礼　故人の兄で、親代わりとして面倒をみてきました大崎信人と申します。親族を代表して、ひと言ご挨拶をいたします。

本日は、ご多用のところ、妹美江の葬儀にご出席いただき、まことにありがとうございました。

死去の報告　美江は、一年前からがんセンターに入院しておりましたが、手当てのかいなく三日前に永眠いたしました。ちょうど六十歳で、還暦を迎えたばかりでした。

思い出・心境　妹の死は、私から見ても早すぎると思います。女手ひとつで子どもたちを育て、やっと独立させ、孫も生まれたというのに、人生の楽しみを味わう前に逝ってしまいました。人一倍負けず嫌いの妹でしたから、悔しい思いでいっぱいだったでしょう。しかし、最後まで命の火を燃やし、病と闘った妹は立派だったと私は思います。

結　び　これまでご厚情をいただいた皆様に感謝いたします。今後とも、残された者たちへのご厚情とご支援をお願い申し上げます。

ここがポイント

◆故人の人柄を紹介するときに気をつけたいこと

故人のどのような面を取り上げるかが重要です。自分ではよい一面だと思って紹介しても、聞く人にマイナスの印象を持たれることもあり得るからです。

もちろん、手柄話を得意気に語ったり、逆に故人の不名誉になるような話は避けるのが常識です。

何を話せばよいかわからないときは、故人が残した印象深いことばを紹介するとよいでしょう。

姉としての挨拶（故人＝弟・70代・病死）

会葬へのお礼　皆様、今日は弟のためにお集まりいただきまして、ありがとうございました。私は、武石吾郎の姉の笹崎木綿でございます。出棺に際し、親族を代表しましてひと言ご挨拶申し上げます。

死去の報告　弟は、六月四日の午前十時半、入院先の○○会病院で、肺がんのために他界しました。七十二年間の生涯でございました。

思い出・心境　弟は、五年前にすべての役職から身を引き、「これでおれもようやく姉さんたちとお寺巡りができるよ」と喜んでおりましたのに、それから間もなくがんが発見され、闘病生活に入りました。

結局、弟と一緒に古刹《こさつ》巡礼をしたのは、一回だけでございました。老後を姉弟仲よく、楽しく過ごそうと言っていたのに、残念で、胸に大きな穴が空いた思いがしております。

結　び　寂しいのは私だけではなく、残された家族の悲しみはそれ以上でございます。どうか皆様、今後とも遺族に対しまして変わらぬご厚情を賜りますよう、私からもお願い申し上げます。

こんな表現法もある

【死を惜しむことば】

●妻とは旅行らしい旅行をしたことがなかったので、定年後には温泉めぐりでもしようと話し合っていたのですが、それをかなえてやれず、残念でなりません。

●私は本当にわがままな亭主で、この世にひとり取り残されて、改めて妻のありがたさ、存在の大きさを痛感しております。

●生者必滅は世の定めと申しますが、この若さで人生を閉ざされてしまうとは、親として嘆かずにはいられません。

義兄としての挨拶（故人＝妻の弟・40代・事故死）

会葬へのお礼　高岡柳吉でございます。亡くなった望月幸之は、私の妻の弟にあたります。喪主があいにく体調を崩しておりますので、私からご挨拶申し上げます。

ご会葬の皆様、本日はご多忙のところ、望月幸之の葬式にご参列いただきまして、まことにありがとうございました。

死去の報告　幸之は、先週カナダで起きました飛行機事故で、四十三歳の生涯を閉じました。こんなに早く別れの日が来るなど考えてもいませんでしたので、まだ信じられない思いです。そのあたりからひょっこり顔を出すのではないか、という気がしてなりません。

支援を願う　働き盛りの大黒柱を失って、故人の妻と子どもたちは深い悲しみの中にいます。どうか皆様、残された家族に対し、できるかぎりのご支援、ご助力をお寄せくださいますようお願い申し上げます。

結　び　最後に、故人が生前ご厚情を賜りました皆様に、心から感謝を申し上げてご挨拶といたします。本日は、ありがとうございました。

ここが知りたい

◆密葬の場合の挨拶は？

密葬は、遺族や近親者だけで、ひそやかに営まれる葬儀です。密葬をする理由はいろいろあります。たとえば、大げさな儀式はしたくない、という故人の遺志による場合や、外国で客死して、現地で荼毘《だび》に付されて遺骨となって帰国する場合などです。

密葬をして、後日改めて本葬を行なうケースもありますが、いずれにしても、身内だけで行なう密葬では喪主の挨拶は省略するのがふつうです。

婿としての挨拶①（故人＝妻の父・80代・病死）

会葬へのお礼　本日は、岳父・滝沢高次のためにお集まりいただき、厚くお礼を申し上げます。本来ですと、喪主である高次の妻の小夜がご挨拶すべきところですが、高齢でありますので、故人の長女の夫である私・桜井義一からひと言お礼のご挨拶を申し上げます。

死去の報告　父は、かねてより病気療養中でしたが、七月十九日の夜、肺炎を併発し、結局、それが原因で翌二十日未明に八十九歳の一生を終えました。現役のころは、会社に忠誠を尽くし、仕事一筋に生き抜いた気骨のある人でしたが、定年後は趣味の庭の手入れをしながら平穏な毎日を過ごしていました。天寿を全うしたのではないかと思います。

厚誼へのお礼　親しくしていただいた皆様にお見送りをしていただいて、父も心から感謝していることと思います。改めて、生前賜りましたご厚誼に対し、心からお礼申し上げます。

結　び　父は遠くへ旅立ちましたが、義母をはじめ遺族一同に対し今後ともお力添えを賜りますようお願い申し上げて、ご挨拶といたします。

ここがポイント

◆流暢《りゅうちょう》に話す必要はない

葬儀での挨拶は、立て板に水のような流暢な話し方は、かえってふさわしくありません。

悲しみを抑えつつ話していながら、つい感情がこみ上げてきて、一瞬ことばに詰まってしまう。一呼吸置いてまた口を開く——そのような話し方のほうが、むしろ心が伝わります。

喪家側の挨拶でも同じです。すらすらと長い話をされるより、つっかえながらも簡潔にまとめられた挨拶のほうが、はるかに好印象を持たれるものです。

婿としての挨拶②（故人＝妻の母・90代・病死）

会葬へのお礼　日向すゑの長女葵の夫で町田剛三と申します。

皆様、本日はご多用中にもかかわらず多数ご参列いただきまして、ありがとうございました。無事出棺のときを迎えることができました。

死去の報告　母は、九十五歳で永眠しました。荘厳で、しかも穏やかな最期でございました。

心境など　母を失ったことは大きな悲しみですが、老いはだれにも避けられないことです。その老いとどう向き合っていくか。それが私には大きな問題なのですが、母の晩年の姿にその答えを見たような気がいたします。それほど、老いを見事に生きた人でした。

厚誼へのお礼　九十五年間の人生ですから、お世話になった方々や、おつき合いをさせていただいた方々が、たくさんいらっしゃいます。母の最後のことばは「ありがと」でした。皆様への感謝の気持ちだったのだと思います。存命中のご厚誼に深くお礼を申し上げる次第でございます。

結び　本日は、お見送りありがとうございました。

こんな表現法もある

【故人の生き方について】

● 父は「人に迷惑をかけたくない」が口癖でした。父の生き方を見ていて、人に迷惑をかけないことと、世話にならないことの違いを知りました。

● 母は、衣替えの季節になると、着るものだけでなく、障子をすだれに替えたり、ざぶとんカバーも白い木綿のものに替えたりする人でした。そういう生活にけじめをつける生き方を、私たちに教えてくれました。

叔父としての挨拶（故人＝姪・30代・病死）

会葬のお礼　ご会葬の皆様、本日は故・加納のぞみの最後のお見送りにご参列いただきまして、まことにありがとうございます。葬儀も滞りなく相すみまして、皆様との最後のお別れのときを迎えました。

申し遅れましたが、私はのぞみの父方の叔父で、加納洋次と申します。体調がすぐれない兄に代わって、ひと言お礼のご挨拶を申し上げます。

思い出・心境　のぞみは、心臓の病気で、三十代の若さで亡くなりましたが、生前は大勢の方々にかわいがっていただいたようです。仕事もようやく軌道に乗り、これからというときでしたので、叔父としても残念でなりませんが、自分の好きな道に進めましたので、結果として幸せな人生を送れたのではないかと思っております。

厚誼へのお礼　親しくしていただいたお友だちの皆さんや、お世話になった皆様方に、故人に代わり心からお礼を申し上げます。

結　び　本日は、冷え込む中を、最後までお見送りくださいまして、まことにありがとうございました。

こんな表現法もある

【早すぎる死を惜しんで】

● 娘は、親の口から言うのもおこがましいのですが、しっかりしていて、手のかからない子どもでした。今にして思えば、もっと甘えさせてあげればよかったと、悔やまれてなりません。

● 息子は、いずれは独立して自分の店を持つんだと一生懸命修業をしていたのですが、志半ばにして倒れ、親としてはふびんでなりません。

叔母としての挨拶（故人＝甥・50代・病死）

会葬へのお礼　あかつき商事株式会社の代表取締役をしております大原舞子です。今日は上司というより、故・菅野健二の叔母としてご挨拶いたします。

思い出　健二は、私の姉の次男で、私が今の会社を創立した当時からの社員でございます。当初は経営も苦しく、従業員を雇う余裕などなかったのですが、「ただで手伝ってやるよ」と言って、手弁当で助けてくれました。私の片腕とも頼み、全幅の信頼を寄せておりましたのに、私より先に他界するとは、本当に残念でなりません。

心境・決意　会社は専務を失いましたが、彼の敷いたレールの上を、後輩の社員たちが驀進《まいしん》しております。私は両の翼をもがれたような気がいたしておりますが、故人の供養のためにも、若い社員たちと会社をより大きく発展させるよう頑張っていく所存です。より一層のご支援ご鞭撻のほどをなにとぞお願い申し上げます。

結　び　本日は、ご会葬いただきましてありがとうございました。

ここが知りたい

◆**葬儀社との連絡・打ち合わせは密に**

お葬式には四つの大きな山場があります。①死亡から通夜まで、②葬儀・告別式、③火葬から精進落としまで、④葬儀後の処理と法要、です。

①から③までは、葬儀社が取り仕切ってくれますから、連絡と打ち合わせはしっかりやっておく必要があります。

とくに②から③は重要ですから、綿密に打ち合わせをし、直前にもう一度確認することが大切です。

世話役代表の挨拶

商店会会長の挨拶（故人＝商店主・60代・病死）

会葬へのお礼　カトレア商店会会長の山崎孝でございます。ご遺族、ご親戚に代わりまして、世話役代表としてひと言ご挨拶申し上げます。
　本日は、後藤生花店主・後藤千佳男さんのご葬儀ならびに告別式にご参列くださいまして、まことにありがとうございました。

思い出　後藤さんは、当カトレア商店会の名づけ親でして、それまで緑町銀座商店会という名前だったのを、こんな親しみやすい名称に変えてくださいました。後藤さんは進取の気性というのでしょうか、古い慣習などにとらわれず、新しいものを積極的に取り入れておられました。まだ六十代とお聞きし、残念でなりません。

結び　皆様から、今まで故人が賜りましたご厚誼を、これまでどおりご遺族にも賜りますようお願いいたして、お礼のことばといたします。

ここが知りたい

◆世話役は喪家側の事情をよく汲んで

世話役を依頼されるのは、親戚や故人の友人、勤務先の同僚、自治会・町内会役員などです。
　頼まれたときは、辞退せずに誠意を持って任務を果たしましょう。
　なかでも世話役代表（葬儀委員長）は、喪家の事情にくわしく、統率力・判断力がある人と見込まれて指名されるわけですから、責任は重大です。遺族側の意志を尊重して、最後まで式がスムーズに進行できるように努めましょう。

公私にわたる親友の挨拶（故人＝元会社員・70代・病死）

会葬へのお礼　皆様、お忙しい中を三輪清さんの告別式にお集まりいただきまして、ありがとうございました。世話人代表として、ひと言ご挨拶申し上げます。

死去の報告　三輪さんは、一昨日の早朝に、脳梗塞で亡くなりました。享年七十四歳とのことでございます。

心境など　彼と私とは、約五十年にわたっておつき合いをしてきました。南北社に入社以来、公私にわたって親しくしていただいてきた私にとって、三輪さんと永遠の別れをすることは、身を切られるほどつらいことです。ましてや、ご家族の皆様のお嘆きは、なおさらのことでしょう。ご参列の皆様、どうか今後とも、ご遺族の方々にご懇情をお寄せくださるよう、よろしくお願い申し上げます。

結び　本日は、皆様のお陰でしめやかで盛大な葬儀を催すことができ、世話人といたしましても深く感謝しております。本当にありがとうございました。

こんな表現法もある

【故人との関係について】

- 故人と私は幼なじみで、かれこれ六十年近いつき合いになります。ときにはけんかもしましたが、なんでも相談できるよき相棒でした。
- 「おれ・おまえ」の仲で、どちらかが早く逝ったら、残ったほうが世話役代表を務めるという約束をしておりました。
- 同期入社で、定年後も親しくさせていただいている関係で、この大役をお引き受けした次第です。

葬儀委員長の挨拶

社長としての挨拶（故人＝会長・80代・病死）

会葬へのお礼　中井工業社長の北山正明です。本日は、葬儀委員長としてご挨拶をいたします。皆様、ご多用の中を中井工業株式会社会長・故藤村衛の葬儀にご参列賜りまして、まことにありがとうございます。また、先ほどはお心のこもった弔辞を多数賜りまして、遺族ならびに会社を代表いたしましてお礼を申し上げます。

故人の業績　藤村会長は、二十五年間社長を務められ、当社の礎《いしずえ》を築かれた創業者です。会長になられてからは、業界の発展のために尽力され、外から当社を支えてくださった、文字どおりの会社の柱でした。その柱を失い、全社員が悲しみの淵に沈んでおります。

決　意　しかし、嘆いてばかりもいられません。藤村イズムを継承し、社業の発展のために邁進していくことが、会長へのご恩返しになるから

ここがポイント

◆社葬は対外的信用にもかかわる一大儀式

社葬は、会社が主催者となって営む葬儀です。会社の創設者や社長、副社長など、トップクラスの人が亡くなった場合に行なわれます。

経営陣の死去による社葬は、社内外に人事交代を知らせる意味もあるため、規模も大きくなります。

葬儀委員長は、故人が社長の場合は、その次のポストにある人が務めるのが一般的ですが、故人と親しかった外部の人や、業界団体の理事長、地元経済界の重

です。どうか会長、私たちを見守っていてください。

結び　皆様、本日はご会葬ありがとうございました。

会社役員としての挨拶（故人＝社長・70代・急死）

会葬へのお礼　皆様、本日はお忙しいところ、また突然のことにもかかわらずご会葬くださいまして、まことにありがとうございました。私は、小田建設専務の熊沢秀樹と申します。葬儀委員長を仰せつかっておりますので、ひと言ご挨拶をいたします。

死去の報告　皆様すでにご承知のように、当社の小田徹社長が、去る七月二十七日午前二時ごろ、心不全のために、急逝いたしました。

厚誼へのお礼　私どもは対応に右往左往するばかりで、きちんとしたご挨拶さえできませんでした。この場をお借りして、故人が生前に賜りましたご厚誼に深くお礼申し上げる次第です。

今後は故人の遺志を継ぎ、社業を発展させるように全力で努めますので、故人の存命中と変わらぬご指導とご鞭撻をお願い申し上げます。

結び　本日は、まことにありがとうございました。

鎮などに依頼するケースもあります。

どのような形式で行なうにしても、喪家の意見を反映させなければなりません。

◆葬儀委員長として心得ておきたいこと

上例のように、社葬での葬儀委員長の挨拶は、参列者へのお礼のほかに、故人の生前の経歴と業績をたたえることが必要です。

とくに、その会社にとってどのような存在であったかを強調するようにします。

社葬は公的な儀式ですから、挨拶には格調が求められます。内容としては、生前の厚誼へのお礼、後を引き継ぐ者としての決意、支援を願うことばを盛り込みます。

教頭の挨拶（故人＝校長・60代・病死）

会葬へのお礼　教頭の末野でございます。本日の学校葬の葬儀委員長として、ひと言お礼を申し上げます。

本日は、あいにくこのようなお天気でお足元も悪いのに、大勢の皆様にご会葬いただき、心からお礼を申し上げます。

故人の功績　遠山冬樹校長は、在職十年で当校をこれまでの規模に発展させただけでなく、学力のレベルアップにも力を尽くされました。さらに、スポーツにおいても大きな大会に出場できるレベルに育成されました。その功績にはまことに多大なるものがあります。

教育者としても、学校経営者としても、その力量が抜群であっただけに、ここで遠山校長を失うのは、まさに断腸の思いであります。

しかし、いつまでも打ちひしがれていては、つねに前向きだった遠山校長が嘆かれるでしょう。この悲しみを共に乗り越えて、学校の発展のためにそれぞれの立場で努力していきましょう。

結び　当校のさらなる前進を誓って、私のご挨拶といたします。

こんな表現法もある

【故人の経歴・業績】

- 四十八歳で社長に就任されてから今日まで、卓越した経営手腕を発揮され、わが社の繁栄に尽力してこられました。
- 社長は、わが社の大黒柱であり、われわれ社員の精神的な支柱でもありました。
- 当学園の創設者である学院長は、「健全な体に健全な精神が宿る」という信念のもとに、文武両道をめざした教育方針を貫かれました。

協会会長の挨拶（故人＝名誉会長・70代・病死）

会葬へのお礼　ご会葬の皆様にひと言お礼を申し上げます。本日は、このように大勢の方にお運びいただき、県体育協会として、また遺族に成り代わりまして、厚くお礼を申し上げます。申し遅れましたが、私は県体育協会会長を務めております海野耕二です。本日の故黒川藤兵衛名誉会長の協会葬の葬儀委員長を務めさせていただいております。

故人の業績　黒川名誉会長は、往年の名ランナーで、箱根駅伝でも大活躍をされました。県の体育事業に早くから尽力され、平成○年からは名誉会長として当県のスポーツ界に偉大な足跡を残されました。

心境・決意　その黒川名誉会長が築かれた業績を汚さぬよう、私たちは心を一つにしてスポーツ界と体協の発展に努めてまいる所存です。皆様の変わらぬご支援とご協力をお願い申し上げます。

結び　最後に、黒川家の方々に故人の存命中と変わらぬご厚誼を賜りますよう、協会からもお願い申し上げまして、ご挨拶といたします。

本日は、ありがとうございました。

【遺志を継ぐ決意を表明することば】

- 守成の難しさをかみしめながらも、社業の隆盛のために精一杯努力していきます。
- 会長の業績を汚すことのないように、○○会のさらなる発展に尽力していきます。
- 故人の崇高な精神を受け継ぎ、日々研鑽に努めてまいります。
- 社長のご遺訓をしっかりと胸に刻み、社業の一層の繁栄に努力し、邁進することをここにお誓いいたします。
- このうえは、社長のご遺徳をしのびつつ、さらなる発展を期して……

その他のケースでの挨拶

お別れ会での主催者の挨拶（故人＝著述家・60代・病死）

出席へのお礼　皆様、本日は「前原弘正先生と最後のお別れをする会」にご出席いただき、まことにありがとうございます。私は、本日の会の発起人で、先生の一番弟子を自負しております鎌田義幸でございます。

経過報告　前原先生は、十月十日の朝、肝不全で永遠の眠りにつかれました。故人のご遺志により葬儀は行なわれず、ご家族だけでお別れをなさいました。ところが、私ども弟子や先生のご友人、出版社の方々などから、先生と最後のお別れがしたいという声があがり、ご遺族のご了承を得て、本日ここにこの会を主催いたしました。

会場には、先生のお写真の数々や遺稿・遺品・著作等を展示してあります。先生の業績や遺徳をしのんで、心ゆくまで思い出を語り合いたいと存じます。どうか、最後までごゆっくりお過ごしください。

ここが知りたい

◆形式にとらわれない葬儀も増えている

伝統やしきたりにとらわれない葬儀が注目されています。

「お別れ会」「しのぶ会」「追悼会」などは以前から行なわれていますが、最近は、遺骨を海（外洋）にまく海洋葬、山に葬る山岳葬、音楽が流れる中で行なわれる音楽葬など、いろいろなスタイルが見られるようになりました。

このような葬儀は、宗教的な色合いはなく、故人にお世話になった人たちがホテルの一室などに集まっ

お別れ会での遺族代表の謝辞（故人＝陶芸家・50代・急死）

出席へのお礼　有村潤一郎の妻の麗子です。本日は、夫のためにこんなに大勢の皆様にお集まりをいただき、ありがたく厚くお礼申し上げます。また、このような盛大なお別れ会を催してくださった発起人の皆様にも、心からお礼を申し上げます。

思い出　皆様もご存じのように、夫は仕事については頑固で、自分の主張を決して曲げませんでした。「焼き物は芸術ではない。どんなに形がよくても、使い勝手の悪いものは作らん」と言って、いくつ壊したかしれません。そのため、どれだけ多くの方々にご迷惑をおかけしたか、私はハラハラするばかりでした。その生き方は最後まで変わることがなく、私たちを残して、自分だけさっさとひとりで逝ってしまいました。

結び　本日は、皆様のお陰で夫の思い出話をすることができました。慌ただしさに紛れて、夫をしのぶ時間さえなかったので、皆様のお話が聞けたことが大変うれしゅうございました。

今一度、心からお礼を申し上げたいと存じます。

て、パーティースタイルで行なうことが多いようです。

形式や式の進め方は自由ですが、参列者代表が追悼の辞、主催者が謝辞を述べ、全員で献花をするのが一般的です。

◆追悼会で遺族の挨拶を求められたときは？

追悼会の主催者は、遺族ではなく第三者ですから、遺族として挨拶する機会があるとはかぎりません。

挨拶を求められたときは、会を開催していただいたことへのお礼と出席者へのお礼を述べて、遺族としての感謝の気持ちを伝えます。また、会の趣旨に反しない範囲で、思い出や遺族の様子などを紹介します。

合同慰霊祭での遺族代表の謝辞（故人＝複数・遺難死）

主催者へのお礼　本日は、「東北航空機遭難者合同慰霊祭」を催していただき、ありがとうございました。

出席へのお礼　また、関係者各位をはじめ、このように大勢の皆様にご参列をいただき、遺族を代表して厚くお礼申し上げます。

犠牲者をしのぶ　平成○年一月二十日、成田空港を飛び立った○○航空機が、よもや一時間後に太平洋の海中に墜落するとは、思ってもみないことでした。あの事故で、私たちはかけがえのない親子兄弟を、友人を、恋人を、また上司や同僚を一瞬にして失ってしまいました。悲しみに胸が押しつぶされ、涙は止まることを知りません。

冥福を祈る　今ここで責任を追及しようとは思いませんが、冷たい海原に散った九十五名の尊い命をむだにせず、犠牲者が安らかに眠れるように冥福を祈っていただくと同時に、今後の事故防止策が早急にとられることを強く願っております。私たち遺族は、今後、何をどうすべきかについて考え、横の連帯を強めていきたいと存じます。

こんな表現法もある

【冥福を祈ることば】

- 帰らぬ人となってしまった皆様の、御霊が安らかなるように、祈りの輪を広げたいと存じます。
- このような痛ましい事故を繰り返すことのないように、できるかぎりの働きかけをしていきます。ご無念でしょうが、どうか安らかにお眠りください。
- 肉親を奪われた悲しみは年月を経ても癒えることはありません。しかし、これからは涙を拭いて、尊い四十八の御霊に祈りを捧げ続けたいと思っております。

第6章

葬儀後の挨拶

精進落としの席で心得ておきたいこと

お世話になった人を慰労する席

人が亡くなると、七日ごとに七回審判を受け、最後の四十九日目の裁きで成仏できるかどうかが決まるとされています。それまでの間を忌中《きちゅう》といい、遺族は肉や魚などのなまぐさものを断ち、精進料理で過ごしていました。四十九日の忌明けとともにふだんの食事に戻ることから、酒宴を設けて親類縁者や近隣にふるまう習わしがありました。それが「精進落とし」と呼ばれていました。

ところが、現代ではそうした意味合いは薄れ、葬儀当日に火葬場から戻り、骨迎えの儀式（還骨勤行）が終了した後で、僧侶をはじめ葬儀でお世話になった人たちを慰労するための宴席を「精進落としの席」と呼ぶようになっています。

精進落としの席では、僧侶や世話役が主賓になりますので、その人たちに上座《かみざ》を勧め、喪主や遺族は末席に移ります。

参列者が全員着席したところで、喪主か親族代表が謝辞を述べます。参列者は通夜から告別式までずっと手伝ってくれた人たちですから、感謝の気持ちを込めて挨拶しましょう。

そのあと、喪主と遺族は、参列者の一人ひとりにお酌をしながら労をねぎらいます。

精進落としは、一～二時間で切り上げるのが一般的です。どの人も疲れていますし、翌日の仕事もありますから、いつまでも引き止めたりせずに、ころ合いを見計らってお開きの挨拶をするようにしましょう。

そのときは、長い挨拶は避けて、お礼の気持ちを込めて簡潔に述べるようにします。

精進落としでの挨拶の基本パターン

精進落としの席で述べる挨拶は、通夜から還骨勤行までお世話になったことへのお礼が中心で、それに故人の思い出やエピソード、遺族としての心境などをつけ加えてもよいでしょう。

開宴に際して行なう謝辞には、次のような要素を盛り込みます。

①葬儀・告別式が無事終了したことの報告
②お世話になったことへのお礼
③労をねぎらうことば
④精進落としの飲食を勧めることば
⑤今後の交誼を願うことば
⑥結びのことば

宴の終わりに挨拶をする場合は、

①宴席をお開きにすることば
②葬儀・告別式でお世話になったことへのお礼
③不行き届きに対するお詫び
④今後の交誼へのお願い
⑤結びのことば

というようにまとめます。

葬儀後に改めて挨拶に出向く

葬儀後に、日を改めて挨拶に出向く必要があるのは、まず僧侶や神官、牧師・神父などです。

葬儀当日に謝礼を渡していない場合は、そのときに持参します。

葬儀委員長や世話役代表のところにも、できれば葬儀の翌日、遅くても初七日までには、手みやげを持って挨拶に出向きます。

お礼として現金を包む場合もありますが、目上の人に現金を渡すのは失礼になることもありますので、先方との関係なども考えて判断しましょう。

故人が会社員だった場合は、勤務先へ出向き、生前にお世話になったことへのお礼を述べ、死亡退職の手続きをして、私物を持ち帰ります。

精進落としに際しての喪主の挨拶

喪主としての短い挨拶①

お礼のことば　本日は、皆様に大変お世話になりました。お陰さまで葬儀・告別式を無事にすませることができました。

開宴の案内　ささやかではございますが、精進落としの酒肴《しゅこう》を用意いたしましたので、お疲れをほぐしていただければと存じます。

今後へのお願い・結び　父は彼岸《ひがん》へ旅立ってしまいましたが、残された私どもにも父の生前と同様のご厚誼を賜りますよう、なにとぞお願い申し上げます。本日は、まことにありがとうございました。

喪主としての短い挨拶②

お礼のことば　本日は、お疲れさまでございました。皆様のお力添え

ここがポイント

◆くつろいで飲食できる雰囲気作りを

精進落としの席での挨拶は、葬儀でお世話になった人たちへお礼を述べるために行なうものです。力添えに対する感謝の心を表わしましょう。

通夜から葬儀・告別式にわたってお世話になったその労をねぎらうのが精進落としの席ですから、打ち解けた雰囲気を作ることが大切です。

挨拶もなるべく手短にすませましょう。

のお陰で、葬儀いっさいを滞りなくすませることができました。心から厚くお礼申し上げます。

宴席の案内・結び 慌ただしくて、皆様に気苦労をおかけしました。たいしたおもてなしもできませんが、ひとときごゆっくりお過ごしいただきたく存じます。

喪主としての短い挨拶③

お礼のことば 本日は、長時間にわたってご尽力いただきまして、ありがとうございました。ご住職様をはじめ、世話役の方々のお陰で滞りなく母を見送ることができました。心からお礼申し上げます。

今後へのお願い 陽気な性格だった母がいなくなってしまい、わが家は急に寂しくなるだろうと思います。どうか皆様、今後とも母の生前と同様におつき合いくださいますようお願い申し上げます。

開宴の案内・結び 気持ちばかりではございますが、精進落としの席をご用意いたしましたので、お時間の許すかぎりおくつろぎください。

本日は、まことにありがとうございました。

ここが知りたい

◆僧侶が精進落としの席を辞退したときは？

精進落としの席に臨むのは、僧侶や世話役、近しい知人、親戚などですが、僧侶がなんらかの事情で臨席を辞退する場合もあります。その場合は「御膳料」または「御車代」として相応のお金を包みます。

僧侶が同席して法話をしてくださる場合は、挨拶の中で「ご住職様にお話をいただきたいと存じます」とお願いして、食事の前に話してもらうようにします。

父の葬儀後に長男として

お礼のことば　本日は、父の葬儀に長い時間おつき合いいただきまして、まことにありがとうございました。皆様のお力添えのお陰で、つつがなく葬儀を執り行なうことができました。故人の長男として、心からお礼申し上げます。

遺族としての心境　父は長い間入院しておりましたので、覚悟はしておりましたが、私どもにとっては特別な存在でしたから、今は心の中にぽっかりと大きな穴があいてしまったような気がしております。

今後は、私が父の遺志を継いで、家業をもりたてていくように精一杯頑張ります。どうか、これまで以上のご指導・ご支援を賜りますようお願い申し上げます。

宴席の案内・結び　形ばかりの粗餐《そさん》で恐縮ですが、精進落としの酒肴を用意いたしました。皆様、大変お疲れのことと存じますが、ごゆっくり召し上がりながら、故人の思い出などお聞かせいただければと存じます。本日は、お力添えありがとうございました。

ここが知りたい

◆精進落としを省略する場合も挨拶は必要か

精進落としの席は、必ず設けなければならないものではありません。

時間的な余裕がない場合や、準備が間に合わないときは、精進落としは行ないません。その代わりに、寿司などの折り詰めやお酒を持ち帰ってもらうように手配します。

精進落としをしない場合でも、一連の儀式が終了したことを報告して、協力していただいたことに感謝する挨拶をしましょう。

母の葬儀後に長男として

お礼のことば　ご住職様、本日はまことにありがとうございました。

また、いろいろご手配いただきました綾部様・加賀見様・大江様、それにお手伝いいただいた自治会の皆様とご近所の皆様、通夜に続いて今日の葬儀まで、本当にお世話になりました。お疲れさまでございました。心からお礼申し上げます。

故人をしのぶ　告別式には老人会の方々や趣味の会の人たち、古くからのお友だちなど、大勢の方が駆けつけてくださいました。母はよい人たちに囲まれて、幸せな人生だったと思います。きっと満足して旅立ったことでしょう。

開宴の案内・結び　世話好きだった母ほどのおもてなしはできませんが、精進落としの膳をご用意いたしました。どうか、ごゆっくり召し上がってください。そして私の知らない母の話などお聞かせいただきたいと存じます。

このたびは、本当にありがとうございました。

こんな表現法もある

【精進落としを省略する場合の挨拶例】

- 本来ならば、ここで精進落としの席へご案内すべきところですが、遠方からお越しの方もいらっしゃいますので、本日はこれで失礼させていただきます。
- 皆様にお食事を差し上げるべきところですが、あいにくその用意がございませんので、失礼させていただきます。
- つきましては、心ばかりのものを用意いたしましたので、どうかお持ち帰りくださいませ。

父の葬儀後に長女として

葬儀終了の報告　皆様にお力添えいただいたお陰で、父の葬儀いっさいを無事にすませることができました。

お礼のことば　何から何までお力添えくださいました皆様に厚くお礼申し上げます。ありがとうございました。

開宴の案内　本日は朝早くからお手伝いいただき、さぞお疲れのことと思います。ささやかですが、精進落としのお膳を用意しましたので、お疲れをほぐしていただければと存じます。

今後へのお願い・結び　お料理を前にして申しわけありませんが、皆様にひと言お願いしたいことがあります。

本当なら、喪主として母が皆様にご挨拶をしなければならないところですが、母は深い悲しみで茫然としている状態です。そんな母に対して、どうか今後とも皆様の温かいご厚情を賜りますよう、よろしくお願い申し上げます。

本日は、長い時間おつき合いいただき、ありがとうございました。

こんな表現法もある

【僧侶への挨拶】

- ありがたいご法話をいただき、心にしみました。
- ありがたいお経で、故人も救われたと思います。
- 故人も安らかな眠りにつくことができたと……
- ひとえにご住職様のお導きのお陰と感謝いたしております。
- ご住職様のお陰で父（母）も成仏できることと存じます。
- 長時間にわたって読経いただきまして……
- まことに結構な戒名をつけていただきまして……

夫の葬儀後に妻として

お礼のことば　皆様、本日は亡き夫・勇雄の葬儀のためにいろいろとお力添えをいただきまして、ありがとうございました。皆様のお陰で、滞りなく葬儀を終了させることができました。

とくにご住職様には、昨日から何度もお越しいただいて、ありがたいお経やお話をしていただき、心からお礼申し上げます。

また、世話役代表をしていただいた相田様はじめ、町内会の皆様にはすっかりお世話になり、深く感謝しております。今日もこんなに遅い時間までおつき合いいただき、恐縮しております。

遺族としての心境　突然のことでしたので気持ちの整理ができませんが、立ち止まってしまうと悲しみが襲ってきそうですので、とにかく前を向いて歩いていこうと自分に言い聞かせております。これからも、ご指導・ご助力くださいますようお願いいたします。

開宴の案内・結び　ほんの形ばかりのお膳ですが、どうかおくつろぎになってお召し上がりください。本日は、ありがとうございました。

【精進落としを省略した場合の僧侶への挨拶】

精進落としの席をあえて設けなかった場合は、僧侶を見送るときに喪主が次のように丁重に挨拶をしましょう。

●本来ならば、お食事を差し上げなければならないのですが、お忙しいところお引き止めしてはご迷惑かと存じ、これにて失礼させていただきます。

●後日、日を改めましてご挨拶におうかがいいたします。本日は長い時間、本当にありがとうございました。

妻の葬儀後に夫として

お礼のことば　皆様、本日は長時間にわたりお疲れさまでした。皆様のお陰で、妻の葬儀を無事執り行なうことができました。まことにありがとうございました。

遺族としての心境　人間の運命は、わからないものです。五日前に「おみやげを楽しみにしてて」と言って元気に出かけて行った妻が、その二日後に変わり果てた姿で帰ってくるなんて、だれが予測できたでしょうか。珍しくもない交通事故だといっても、遺族としては納得できません。前方不注意で妻をはねてしまったドライバーへの怒りと悔しい気持ちを、今も抑えることができません。

身内も同然の皆様なので、取り乱してついこんなことを口走ってしまいました。お許しください。

開宴の案内・結び　皆様とゆっくりお話がしたいので、精進落としのお酒をつき合ってください。お酒のすすまぬ方は、お食事をどうぞ……。本日は、ありがとうございました。

ここが知りたい

◆僧侶への御布施はいつ渡せばよいか

お布施をいつ渡すかは、ケース・バイ・ケースです。お寺に改めて出向いて直接渡すのが礼儀ですが、それが困難な場合は、葬儀当日に僧侶に手渡してもかまいません。

ふだんから檀家としてつき合いのあるお寺の場合は、葬儀の翌日に一括して支払ってもよいでしょう。

また、予約をして来てもらうなら、葬儀の前に渡すほうが安心でしょう。

息子の葬儀後に父として

お礼のことば　皆様、本日は長い時間、お疲れさまでございました。お陰さまで、おごそかで、心のこもった葬儀で息子を送ることができました。心から感謝し、厚くお礼申し上げます。

遺族としての心境　まだ四十代の若さで、しかも二人の子どもを残して逝くことは、本人にとってはとても無念だっただろうと思います。私どもにとっても、親よりも先に逝くなどとは思ってもいませんでしたので、残念でなりません。

今後へのお願い　皆様どうか、故人の妻子をこれからも温かく支えてくださいますよう、なにとぞお願い申し上げます。

開宴の案内　お手もとの料理は、心ばかりのお粗末なものですが、どうぞおくつろぎになって、お疲れを癒《いや》してください。

結　び　本来なら、このような席では喪主がご挨拶をすべきですが、嫁の圭子が心労のために床に伏しておりますので、父親である私が代わってお礼を申し上げます。本日は、ありがとうございました。

こんな表現法もある

【心境を表わすことば】

● 親が子を見送ることになろうとは思ってもいませんでしたから、取り乱してしまいましたが、皆様のお陰で、気持ちが幾分落ち着いてきました。

● 私よりも背の高かった息子がこんなに小さくなって帰ってきまして、「本当にこの世からいなくなってしまったんだ」ということを実感しております。

● ときにはお立ち寄りいただいて、遺族を励ましてやってください。

息子の葬儀後に母として

お礼のことば

皆様、本日は大変お世話になりました。皆様の親身なお力添えのお陰で、立派な葬式を執り行なって息子を送ることができました。本当にありがとうございました。亡き息子も、きっと感謝していることと思います。

遺族としての心境

十年前に主人を亡くしたときは、子どもたちはまだ小学生でしたから、それこそ泣いているひまもなかったのですが、このたびの息子のことでは私も打ちのめされて、涙も枯れ果てました。それでも、皆様に励まされ、支えていただきながら、この二日間、どうにか喪主を務めてまいりました。

今後へのお願い

これからも、皆様のご指導とご助力を賜りますよう、どうかよろしくお願いいたします。

開宴の案内・結び

ささやかなお食事ではございますが、遠慮なく召し上がって、お疲れを癒《いや》してください。

本当に長い時間おつき合いいただき、ありがとうございました。

こんな表現法もある

【神式での挨拶】

- 本日は夫・太田賢三の葬場祭にご臨席いただきまして、まことにありがとうございました。
- 亡き主人も、祖先の霊と共に私どもを見守ってくれることと思います。

【キリスト教式での挨拶】

- 本日はジョセフ（洗礼名）山田紀夫のためにお集まりいただき、本当にありがとうございました。
- 夫は、神父様（牧師様）をはじめ、皆様に見守られて昇天いたしました。

娘の葬儀後に父として

お礼のことば　故人の父親として、ひと言ご挨拶申し上げます。

本日は、お忙しい中を娘の葬儀のためにご尽力いただき、ありがとうございました。お陰さまで、葬儀いっさいを滞りなく終えることができました。これで娘も、安らかに眠りにつくことができたでしょう。

故人をしのぶ　娘は、子どものころから病気がちで、何年生きられるかと案じておりました。一時期元気になりましたので、無事に育ってくれるのではないかという期待も持っていましたが、結局はこんなに早く私どもの前から去ってしまいました。

今後へのお願い　家内は娘を亡くして、大変落ち込んでおります。皆様からもお声をかけていただくなど、これまで以上のご交誼を賜りますよう、なにとぞお願いいたします。

開宴の案内・結び　挨拶はこれぐらいにして、ささやかではございますが、精進落としのお食事を始めていただければと存じます。本日は、大変お世話になりました。心からお礼申し上げます。

こんな表現法もある

【お礼のことば】

- しめやかで盛大な葬儀を執り行なうことができましたのも、ひとえに皆様のお陰であり、深く感謝しております。
- 今日は、このようにお寒い中を長い時間おつき合いいただきまして、ありがとうございました。故人も、きっと喜んで旅立ったことと存じます。
- 皆様の温かいお力添えが身にしみるほどありがたく、故人もさぞ感謝していることと存じます。

精進落としに際しての親族代表の挨拶

親族を代表して①

葬儀終了の報告　皆様、大変お疲れさまでした。ただ今の還骨法要をもって、故・島岡正道の葬儀は滞りなく終了いたしました。

お礼のことば　皆様には、昨日に引き続いて本日も朝早くからいろいろとお世話をいただき、深く感謝しております。

開宴の案内　お粗末な精進落としの食事ではございますが、早速始めていただければと存じます。どうか、おくつろぎのうえ召し上がってください。

今後へのお願い・結び　皆様のお席に遺族の者がご挨拶に回りますので、故人と親しくされていた方から話をうかがうことができれば幸いです。また、今後とも変わらぬご厚情を賜りたく、親族を代表してお願い申し上げます。本日はありがとうございました。

ここが知りたい

◆どんな人が親族代表を務めるのか

親族代表を務める人は、必ずしも最年長者ではありません。一族をまとめる力のある人が、それにあたります。

本来は世話役代表が果たすような役割を無理なくこなして、親族代表としての挨拶ができるような人が、その適任者といえます。上の例は、そんな立場の人が挨拶をしたケースです。

親族を代表して②

自己紹介　故人の叔父にあたります館山輝由と申します。先ほどまで気丈にふるまっていた喪主が、心労で気分がすぐれず別室で休んでおりますので、代理としてご挨拶申し上げます。

お礼のことば　皆様、本日は故・下川貴紀の葬儀に際し、多大なご尽力をいただき、まことにありがとうございました。皆様に助けていただかなければ、無事に葬儀を執り行なうことができなかったと思います。喪主に代わりまして、厚くお礼申し上げます。

今後へのお願い　このたびの突然の不幸で、遺族は大変なショックを受けております。どうか、今後におきましても遺族を支え、励ましてくださいますよう、私からもお願いいたします。

開宴の案内・結び　皆様、さぞお疲れのことと存じます。ささやかではございますが、精進落としの用意をいたしましたので、どうかおくつろぎになってください。簡単ではございますが、お礼のご挨拶といたします。本日は、ありがとうございました。

こんな表現法もある

【遺族をいたわることば】

- 遺族の深い悲しみが痛いほどわかります。
- 遺族の嘆き悲しむ姿を目《ま》のあたりにすると慰めのことばもありません。
- 悲しみに耐えている遺族の姿は、痛々しいほどでございます。
- まだ幼い次男までが、けなげにも母親を気づかっております。
- 親の死を理解できずに、「今日はお客さんがいっぱいだね」と言ってはしゃいでいる○○子がふびんでなりません。

精進落とし終了時の簡単な挨拶

喪主として①

宴の終了を告げる　皆様、お話がはずんでいるところ恐縮ですが、夜も更けてきましたので、このへんでお開きとさせていただきます。

不行き届きのお詫び　本日は、皆様に大変お世話になりながら、何かと行き届かぬ点が多く、申しわけございません。

結　び　本日は最後までおつき合いいただき、本当にありがとうございました。

喪主として②

宴の終了を告げる　皆様、お話が尽きず、お名残惜《なごり》しく存じますが、明日のお仕事にさしさわりがあっては申しわけありませんので、そろそ

ここが知りたい

◆伝達事項をはっきり告げる

精進落とし後の喪家側の挨拶は、簡単なものでかまいませんが、知らせるべきことがあるときは、それらをもれなく伝えなければなりません。

たとえば、手みやげを用意している場合や、食べ残したものを折り詰めにして持ち帰ってほしいとき、帰りのタクシーを呼んであるとき、四十九日法要の日程を伝えたいときなどは、その旨をはっきりと伝えましょう。

ろお開きにさせてください。

今後へのお願い　故人が生前に賜りましたご厚誼に厚くお礼を申し上げ、また今後におきましても遺族へご厚情を賜りますよう、心からお願い申し上げます。

結　び　本日は、まことにありがとうございました。お気をつけてお帰りください。

親族を代表して

お礼のことば　皆様、本日はお疲れのところを最後までおつき合いをくださいまして、まことにありがとうございました。

宴の終了を告げる　もっとごゆっくりしていただきたいところですが、明日のご予定もおありでしょうし、あまりお引き止めするわけにもまいりません。このへんで閉じさせていただきたいと存じます。

不行き届きのお詫び　あれこれ不行き届きな点もあったかと存じます。どうか、ご容赦のほどお願い申し上げます。

結　び　本日は、長い時間ご尽力いただき、ありがとうございました。

こんな表現法もある

【手みやげの案内】
- なお、心ばかりのものを用意いたしましたので、どうかお持ち帰りくださいませ。
- お荷物になって恐縮ですが、どうかお帰りの際にお持ちください。

【法要の案内】
- 四十九日の法要につきましては、後日改めてご案内申し上げますので、ご都合がよろしければぜひお運びください。

【お詫びのことば】
- 本日は十分なおもてなしもできず、大変心苦しく存じております。

葬儀後の喪家の挨拶回り

僧侶に対して

お礼のことば　このたびの父の葬儀では、ありがたいお経とご法話をいただき、まことにありがとうございました。亡き父も安らかに黄泉路《よみじ》についたことと存じます。

お布施を渡す　これは、私どもの気持ちばかりのお礼でございます。どうかお納めください。

法事のお願い　四十九日の法要につきましては、改めてご相談させていただきますので、その節はよろしくお願いいたします。

神官に対して

お礼のことば　このたびは、大変お世話になり、ありがとうございま

ここが知りたい

◆神式葬儀での挨拶のしかたは？

神式による葬儀は「神葬祭」と呼ばれ、仏式の葬儀・告別式にあたる葬場祭を中心に、通夜祭・遷霊祭・出棺祭などの儀式が続きます。流れは仏式と似ていますが、挨拶をするときは仏教用語は使わないように注意します。

ちなみに、神主のことは「神職」といい、葬儀を司る神職を「祭主」といいます。「冥土」「冥福」「供養」などは仏教用語ですから使えません。

した。宮司《ぐうじ》様のお導きで、母も安らかな眠りについたことと思います。

謝礼を渡す　これは、些少《さしょう》ではございますが、ご神饌《しんせん》料でございます。どうかご受納ください。

祭事のお願い　五十日祭、百日祭も宮司様にお願いしたいと存じますが、いかがでしょうか。

神父・牧師に対して

お礼のことば　先日の妻の葬儀では、神父様に大変お世話になりました。お陰さまで、妻も主のみもとに召され、天国で安らかに眠ることができるでしょう。

謝礼を渡す　これは、私どもの感謝の気持ちでございます。こちらは教会に献金させていただく分で、こちらが神父様へのお礼でございます。どうかお納めください。

ミサのお願い　一か月後の追悼ミサを、教会で行ないたいと思います。その折にはまた神父様にお願いしたいと思いますので、どうかよろしくお願いいいたします。

◆キリスト教式葬儀での挨拶のしかたは？

カトリックとプロテスタントでは、葬儀に対する考え方が異なります。

カトリックでは、故人の罪の許しを請い、永遠に安息が得られるように祈る儀式です。

プロテスタントでは、故人がこの世で受けた神の恩恵に感謝し、天国で再び神に仕えることができるように祈る儀式です。

キリスト教の信者にとって、死は悲しむべきことではなく、神のみもとに召されたことを祝福すべきこととされていますから、挨拶をする際もその点への配慮が必要です。

世話役に対して

お礼のことば　このたびは、大変お世話になりました。深く感謝いたしております。通夜の準備から、葬儀・告別式までいっさいを取り仕切っていただき、本当に助かりました。桜田様がいらっしゃらなかったら、動転していた私どもではどうしてよいかわかりませんでした。

謝礼を渡す　こんなことをしては叱られるかもしれませんが、私どものほんの気持ちです。何かお礼をしなくては気がすみませんので、持参しました。どうかお受け取りください。

今後へのお願い　今後とも、何かとご相談することがあるかと思いますが、その節はよろしくお願いいたします。

町内会の役員に対して

お礼のことば　通夜から告別式まで、皆様に大変お世話になりました。町内会の会長さんや役員の方々のお力添えのお陰で、無事に葬儀を執り

ここが知りたい

◆**挨拶回りをする時機は？**

葬儀がすんだら、お世話になった人たちに対してお礼の挨拶回りをします。できれば喪主が葬儀の三日後ぐらいまでにすませます。これは、故人が亡くなってから初七日ぐらいまでということになります。

世話役代表や葬儀委員長に謝礼をする場合は、この挨拶回りのときに渡します。品物は香典返しを忌明けに送りますので、菓子折りなどを持参する程度でよいでしょう。

行なうことができました。本当にありがとうございました。

手みやげを渡す　これは、心ばかりのお礼でございます。皆さんで召し上がってください。

今後の交誼を願う　これからも、故人の生前同様、よろしくお願いいたします。

近隣の人に対して

お礼のことば　このたびはすっかりお世話になりました。お陰で葬儀も無事にすみ、少し落ち着いてきました。

迷惑を詫びる　野原さんには裏方の仕事をお任せして、さぞお疲れになったでしょう。

それに食器や座布団をお借りしたり、お宅の前に花輪を飾らせていただいたりして、ずいぶんご迷惑をかけしました。

手みやげを渡す　これは、ほんのお礼のしるしです。お口に合うとよろしいのですが……。

今後の交誼を願う　今後とも、どうかよろしくお願いいたします。

こんな表現法もある

【手伝ってくれた人へのお礼のことば】

- このたびは、何から何まで大変お世話になりました。
- お疲れになったのではございませんか。
- 皆様の温かいご配慮に、感謝のことばもないほどです。
- 皆様のご好意は、忘れることができません。
- あなたに来ていただいて本当に助かりました。

故人がとくにお世話になった人へ

お礼のことば　松田様には、通夜だけでなく葬儀にもお運びいただき、本当にありがとうございました。取り込んでおりましたのできちんとお礼も申し上げず、失礼いたしました。

生前の厚誼に対するお礼　父も松田様に最後までお見送りいただいて、大変喜んでいると思います。生前には大変お世話になりました。父に代わってお礼申し上げます。

今後の交誼を願う　どうか、今後とも父の生前同様によろしくお願いいたします。

故人（夫）が勤務していた職場の上司へ

お礼のことば　先日は、お忙しい中をご丁寧にご会葬くださいまして、本当にありがとうございました。

葬儀の報告　職場の皆様にお手伝いいただいたお陰で、滞りなく通夜

ここが知りたい

◆故人の勤務先では諸手続きや私物の整理を

故人が会社へ勤務していた場合は、葬儀後に勤務先へお礼の挨拶に出向く必要があります。

生前にお世話になったお礼はもちろん、葬儀を手伝ってもらったり、参列してもらったことへのお礼のことばも、きちんと述べるようにします。

そのときに、必要があれば故人の机やロッカーなどを整理して、私物は持ち帰り、事務手続きがあれば、その場ですませます。

と葬儀を執り行なうことができました。

生前の交誼に対するお礼　夫の入院中には何度もお見舞いをいただいたうえに、休職の手続きなど、何かとご相談にのっていただき、ことばでは言い尽くせないほど感謝しております。

今後へのお願い　これからは、子どもたちと力を合わせて夫に笑われないよう頑張っていくつもりです。今後とも、どうかよろしくお願いいたします。

故人（娘）が通っていた学校の先生へ

お礼のことば　先日は、お忙しい中をご焼香いただきまして、ありがとうございました。先生とクラスの皆さんに見送っていただいて、娘も喜んでいることと思います。

生前の指導に対するお礼　短い間ではございましたが、先生にご指導いただき、娘は大変幸せでした。無理かと思っていた修学旅行にも連れて行っていただき、たくさんのよい思い出ができたことと思います。クラスの皆さんにもくれぐれもよろしくお伝えください。

ここが知りたい

◆書面による三つの挨拶

葬儀後の挨拶には、次のような書面による挨拶が必要であることも忘れてはいけません。

① 会葬礼状
② 忌明けの挨拶状
③ 喪中年賀欠礼の挨拶状

会葬礼状は、あらかじめ印刷したものを、葬儀・告別式の帰り際に直接手渡すのが一般的になってきました。

式に参列できずに弔電や供物を送ってくれた人には、会葬礼状を郵送します。

忌明け挨拶状は、香典返しの品の送り状も兼ねています。

故人が入院していた病院の主治医へ

お礼のことば　先生、妻の入院中には大変お世話になりました。先日、お陰さまで無事に葬儀をすませることができました。

生前の治療に対するお礼　入院中は、先生方に手厚い治療をしていただきました。私どもとしても、できるだけのことはしたという思いで、悔いはありません。心からお礼を申し上げます。

故人の入院先の看護師長へ

葬儀の報告　先日、母の葬儀を無事にすませましたので、お礼を兼ねてご報告に参りました。

生前の看護に対するお礼　婦長さんをはじめ、看護師さんに親身なお世話をしていただいて、本当にありがとうございました。母も、心から感謝しておりました。これは気持ちばかりのものですが、皆さんで召し上がってください。

ここが知りたい

◆病院がお礼の品を拒否する場合は？

病院によっては、お礼の金品を固辞するところもあります。

それでもお礼をしたいという場合は、医師や看護師個人にではなく、医局やナースステーションに、「皆さんでどうぞ」と差し出すほうがよいでしょう。

なかには、そのようなことも禁じられている病院もありますから、病院の規定に従うようにしましょう。

第7章

法要での挨拶

法要について知っておきたいこと

「法要」は仏式用語で、死後一定期間ごとに営む故人の追善供養のことです。その追善供養にあたる儀式をキリスト教では「追悼式」、神式では「霊祭」といいます。

　仏式の場合は、死後七日目ごとに行なう忌日法要と、祥月命日《しょうつきめいにち》（故人のなくなった同じ月日）に年ごとに行なう年忌法要があります。

　忌日法要は、七日目（初七日）、十四日目（二七日）、二十一日目（三七日）、二十八日目（四七日）、三十五日目（五七日）、四十九日目（七七日）、百か日法要と続きます。

　これらの中で盛大に法要が営まれるのは、初七《しょなぬ》日《か》と七七日忌《なななぬかき》で、ほかの忌日法要は身内で営まれるか省略されることが多いようです。

　また、最初の初七日法要は、葬儀当日に一緒に行なわれるのが一般化しています。

　年忌法要は、一周忌（死後丸一年目）、三回忌（死後二年目）、七回忌（死後六年目）と続き、百回忌までありますが、三十三回忌で死者は完全に成仏するといわれ、これをもって弔い上げとなります。

法要での施主の挨拶の基本パターン

　法要で施主《せしゅ》が行なう一般的な挨拶の内容は、参列へのお礼が中心で、故人の思い出やエピソード、遺族の近況報告、今後のつき合いをお願いすることばなどをつけ加えます。

　構成法としては、次のような要素を盛り込みますが、すべてを語る必要はありません。

①施主であることを告げて参列のお礼を述べる
②葬儀への出席と心づかいのお礼
③その後の厚誼へのお礼
④故人の思い出・回想
⑤遺族の近況報告
⑥お斎《とき》（会食）の準備をしている場合は、その案内
⑦結びのことば

参列者の挨拶の基本パターン

法要の席で参列者挨拶を求められたときは、次のような要領で話をしましょう。

①自己紹介と席に招かれたお礼
②遺族への懐かしさを述べご無沙汰を詫びる
③近況報告など
④故人の思い出やエピソード
⑤今後の交誼へのお願い
⑥結びのことば

追悼会では、このような挨拶をする

最近では、宗教にこだわらない形としての追悼会もよく開催されています。追悼会は、故人の遺徳をしのぶという点では法要となんら変わることはありません。

自由な形式で行なわれており、決まった挨拶のパターンはありませんが、故人を懐かしみ、その魂に呼びかけるような気持ちは必要です。

歳月がたつにつれて、故人の死の悲しみや苦しみは洗い流されて、しだいに安らぎと懐かしさがわいてきます。追悼会が、故人の死後どのくらいの時期に催されるかによって、挨拶の内容や趣も変わってきます。

死後数年たってから行なわれる場合は、悲しみを乗り越えて、力強く生きているという前向きな姿勢を示し、その場が和やかな雰囲気になるようなスピーチをしたいものです。

初七日法要での施主の挨拶

父の初七日法要で長男として（葬儀当日に行なう場合）

出席へのお礼　本日は、お忙しいところを、葬儀・告別式に続き、骨迎えから初七日の法要と、長時間にわたっておつき合いいただき、まことにありがとうございました。

法要終了の報告　お陰をもちまして、初七日の法要も滞りなく執り行なうことができました。改めてお礼を申し上げます。

お世話になったお礼　とくに、南光寺のご住職様には、火葬場にもご同行いただきまして、ありがとうございました。また、世話役をお願いいたしました稲城さま、笠間さま、それからお手伝いくださった自治会の皆様、本当にありがとうございました。

今後へのお願い　今は張り詰めていた糸が切れたようで、心もとないかぎりですが、落ち込んでいるだけではどうにもなりません。これから

ここがポイント

◆施主の挨拶では感謝のことばを自然体で

法要での施主の挨拶は、お礼のことばを主にして、故人の思い出や人柄を表わすエピソード、今後の交誼のお願いなど、ある程度決まったパターンで進めることができます。

しかし、法要に出席するのは、故人との縁が深い人たちばかりですので、あまり紋切り型にならないように、自分のことばで話したいものです。

感謝の気持ちを、素直に表わすことが大切です。

精一杯生きていきますので、よろしくお願いいたします。

結び　お粗末ですが〝お斎〟の席を設けてございます。どうかごゆるりとお疲れを癒してください。ありがとうございました。

母の初七日法要で長男として

自己紹介　故人の長男の明弘です。ひと言ご挨拶申し上げます。

出席へのお礼　本日は、ご多忙のところ、母の初七日の法要にご参列いただきましてありがとうございました。

会葬のお礼　また、先日は通夜ならびに葬儀にお運びくださいまして、心からお礼申し上げます。

故人への思い　あれからまだ日が浅いせいか、まだ母の死を現実のものとして受け止められません。台所へ行くと、母が流しの前に立っているのではないかという錯覚にとらわれてしまいます。

宴席への案内・結び　たいしたことはできませんが、お斎をご用意いたしましたので、お時間の許すかぎりごゆっくりとお過ごしになってください。本日は、まことにありがとうございました。

◆故人の面影が目に浮かぶようなエピソードを

故人をしのぶことばを述べるときは、故人のとった行動、故人の言ったことば、故人のしぐさなどを披露すると、その人の面影が鮮明によみがえってきます。

それがまた涙を誘うことにもなりかねませんが、故人をしのぶ心は十分に表現できます。

上の例では、台所に立つ母の姿というひと言で、故人のイメージが聞く人の心にも映し出されます。

夫の初七日法要で妻として

出席へのお礼　皆様、本日はお忙しい中を夫の初七日の法要にご出席くださいまして、ありがとうございました。

葬儀でのお礼　また、葬儀の折には、皆様に大変お世話になりました。

遺族としての報告　突然のことでしたので、葬儀のときは気が動転して皆様にもお見苦しいところをお見せしてしまいましたが、もう大丈夫です。皆様の励ましと慰めのおことばのお陰で、ようやく気持ちの整理がつきかけてまいりました。

今後へのお願い　これからは、夫に叱られないように残された子どもたちを一人前に育てていこうと決意しております。どうか、お力添えのほどよろしくお願い申し上げます。

宴席への案内・結び　今日は、気持ちばかりのお膳で恐縮ですが、お斎の用意をさせていただきました。遠慮なくおくつろぎになり、故人の思い出などお聞かせいただければと存じます。

本日は、ありがとうございました。

ここが知りたい

◆法要に招かれたときは供物を持参する

法要に招かれて欠席するのは失礼です。よほどのことがないかぎり、都合をつけて出席しましょう。

その際は、供物を持参するのがマナーです。

供物は、くだもの・菓子・線香・酒・生花などが一般的ですが、「御供物料」として現金を包むことも多くなっています

なお、御供物料を供えるときは、表書きを仏壇のほうに向けて置きます。

妻の初七日法要で夫として

出席へのお礼　本日は、ご多用中のところ、また悪天候にもかかわらずご出席いただき、ありがとうございました。

お詫びのことば　葬儀から数日後にまたお呼びだてをいたしまして、大変恐縮しております。最近は初七日法要を葬儀の当日にすませるそうですが、私どもの都合で皆様に二度もご足労をいただき、申しわけなく思っております。

故人への思い　まだ妻を亡くしたという実感がなくて、山形の実家に帰っているのではないか、そのうちに帰ってくるのではないかという気がしてなりません。

宴席の案内・結び　世話好きだった妻ほどにはおもてなしできませんが、心ばかりのお食事をご用意しました。どうかおくつろぎになって、召し上がってください。そして、故人の思い出話などお聞かせください。
　本日は、まことにありがとうございました。これからもよろしくお願い申し上げます。

ここが知りたい

◆神式では霊祭を行う
神式では、法要ではなく〝霊祭〟といいます。霊祭は十日ごとに行ない、次のように呼ばれています。
- 十日祭
- 二十日祭
- 三十日祭
- 四十日祭
- 五十日祭

五十日祭が忌明けで、その後は百日祭になります。

四十九日法要での挨拶

父の四十九日法要で長男（施主）として

出席へのお礼　本日は、年末のお忙しい時期にもかかわらず、父の四十九日の法要にお運びいただきまして、まことにありがとうございます。

忌明けの報告　お陰さまで、忌明けの法要と埋骨の儀を無事にすませることができました。

葬儀でのお礼　皆様には、先日の葬儀の折も大変お世話になりまして、併せて厚くお礼申し上げます。

故人をしのぶ　四十九日は、死者が最後の審判を下される日、ということですが、私は、父は地獄へは行かず、間違いなく極楽行きだと信じています。父のまじめさは頭に二文字がつくほどでしたし、頑丈な孟宗《もうそう》竹《だけ》のようにまっすぐな人でしたから、うれしそうな顔をして極楽へ行っているでしょう。

ここが知りたい

◆四十九日の忌明けにすべきことは？

仏教では、死後四十九日をもって忌明けとし、忌明けの法要を営みます。納骨も、この日に行なうのがよいとされています。

また、それまで飾っていた祭壇を片付け、神棚封じを解きます。そして、閉じていた仏壇を開け、黒塗りの位牌を安置します。

忌明けの香典返しと挨拶状の発送も、この日を目安にして行ないます。

宴席への案内・結び　たいしたおもてなしはできませんが、食事を用意しましたので、召し上がりながら父の思い出話などお聞かせいただければと存じます。

母の四十九日法要で長女（施主）として

出席へのお礼　本日は、連休の最中にもかかわらず、母の四十九日の法要にご出席くださいまして、ありがとうございました。

遺族の心境　早いもので、母が亡くなってからもう一か月以上もたってしまいました。長く入院しておりましたので、万一のことをしていたつもりでしたが、いざ逝かれてみると、気持ちが不安定になって、自分が何をしているのかもわからないようなありさまでした。

葬儀でのお礼　ですから、葬儀では皆様にご迷惑をおかけし、また大変お世話になりました。今ここで、改めてお礼を申し上げます。

今後の決意・結び　母のいない家で、毎日、すきま風が吹き抜けるような気がしていますが、これからは元気を出して頑張っていきます。

皆様、どうかよろしくお願いいたします。

◆自宅で法要を行なうときに必要なものは？

自宅で法要を行なうには、祭壇が必要です。遺骨と白木の位牌をのせた仏壇のほかに、花や精進料理を入れた霊供膳、菓子、くだものなどをのせた供物壇を並べます。

仏壇の前に遺影を飾り、さらにその手前に経机《きょうづくえ》と焼香台を置きます。

席順は、仏壇に近いところに施主・遺族が座ります。法要の終わりには、施主が挨拶をします。可能ならば墓参りをし、その後にお斎となります。

夫の四十九日法要で妻（施主）として

出席へのお礼　本日は、夫の四十九日の法要に、このように大勢の方にお越しいただき、心から厚くお礼を申し上げます。

葬儀でのお礼　また、葬儀の際は、皆様にいろいろとお力添えをいただき、ありがとうございました。深く感謝いたしております。

故人をしのぶ　多くの人は「もう四十九日もたってしまったの」とおっしゃいますが、私は「まだ四十九日しかたっていない」という気がしています。夫のいない一日一日は長く、何かにつけて夫の顔や夫の声、夫のしぐさなどが思い出され、新たな悲しみがわいてきます。夫の存在が私にとっていかに大きかったかを痛感しています。

宴席の案内・結び　遠くからせっかくお出かけくださいましたのに、たいしたおもてなしもできずに申しわけございませんが、粗餐《そさん》をご用意いたしましたので、お時間までごゆっくりお過ごしいただければと存じます。

本日は、まことにありがとうございました。

ここが知りたい

◆法要の式場を選ぶとき

法要をどこで行なうかは重要な問題です。自宅でできればいちばんいいのですが、納骨を予定していたり、墓参りをする場合などは不都合です。

お寺で行なう場合は、法要後の食事が問題です。近くの料亭やレストランなどを別に予約するか、お寺の一室を借りて仕出し料理をとる必要があります。

追悼会的な要素が強ければ、セレモニーの施設を借り、食事に重点を置いてもよいでしょう。

妻の四十九日法要で夫（施主）として

出席へのお礼　故・水越英美の四十九日の忌明けに際し、ご多忙中にもかかわらず大勢の方にご出席いただき、厚くお礼申し上げます。

葬儀でのお礼　皆様には、通夜から葬儀、そしてその後も何かとお世話になり、ありがとうございました。後始末などに追われて、きちんとした挨拶もせず、大変失礼いたしました。ここに深くお詫びし、謹んでお礼を申し上げます。

遺族の心境　男とは情けないもので、妻に死なれてから、すっかり気力がなくなり、何もする気が起きなくなり、また何もできません。亡くなってから初めて妻のありがたさがわかり、なぜもっと大切にしてやらなかったのかと悔やんでおります。男性の皆様は、どうか今のうちに奥様を大切にしてあげてください。

宴席の案内・結び　皆様におくつろぎいただきたく、酒肴を用意しましたが、妻がおりませんので不行き届きのことがあるかと思います。失礼の段はどうかご容赦ください。本日はありがとうございました。

ここがポイント

◆葬儀でお世話になったお礼を

初七日の法要を葬儀当日に繰り上げて行なった場合は、四十九日の法要が葬儀後初めての法要になります。そこで、葬儀の際にお世話になったお礼を述べることが必要です。

また、故人の死去から一か月以上たち、気持ちも落ち着いていることから、葬儀のときに言えなかったお礼のことばを言う機会と考え、きちんと謝辞を述べましょう。

息子の四十九日法要で母（施主）として

出席へのお礼　本日の施主としてひと言ご挨拶申し上げます。

皆様、今日は木枯らしの吹くお寒い中を息子・泰典の法要においでくださいまして、まことにありがとうございました。

忌明けの報告　お陰さまで、滞りなく忌明けの法要をすませ、納骨の儀も終了いたしました。これで泰典も安心して眠れるのではないかと、少し安心をしております。

故人をしのぶ　この青葉霊園には、先に亡くなった主人も眠っております。主人は泰典を大変かわいがっておりましたので、今ごろは泰典との再会を喜んでいるかもしれません。

墓参のお願い　ご覧のように、この青葉霊園は花も緑もいっぱいで、かなたには海が光って見え、近くには桜で有名な青葉公園もございます。春のお花見にお出かけになることがございましたら、主人や泰典にも会いに来てやってくださいませ。

宴席の案内・結び　ささやかではございますがお斎の席を設けており

ここが知りたい

◆**いろいろな納骨法**

遺骨の供養のしかたには、次のようにいろいろな方法と表現があります。

- 埋骨（遺骨を墓地に埋葬すること）
- 納骨（お寺や納骨堂に遺骨を納めること）
- 預骨（仮納骨ともいい墓地に埋葬するまで預かってもらうこと）
- 永代納骨（墓地には埋葬せず、お寺や納骨堂に永久に納めること）
- 散骨（墓地に埋葬せずに遺骨を細かく砕いて海や山にまく葬礼のこと）

ますので、どうかご遠慮なく召し上がってください。
今日は、お忙しい中をご参列いただき、心からお礼申し上げます。

兄の四十九日法要で弟（遺族代表）として

自己紹介 皆さん、ようこそおいでくださいました。私は、故人の弟で仲田祐介と申します。親族を代表して、ひと言ご挨拶いたします。

出席へのお礼 皆様、本日はご多用中にもかかわらず、兄の四十九日の法要に、このように大勢の方々にご出席いただき、まことにありがとうございます。心からお礼申し上げます。

故人をしのぶ 兄はマイペースを通した人で、生涯家族を持ちませんでしたが、自由気ままに生きたにもかかわらず憎めないところがあって、私ども家族にとっては、太陽のような存在でした。

宴席の案内・結び そんな兄でしたから、湿っぽい話は似合いません。どうか、ごゆっくりと陽気にお酒を召し上がりながら供養していただければと存じます。
本日は、まことにありがとうございました。

◆忌中と服喪期間

死後一年間用いられる、次のようなことばの意味を覚えましょう。

- 忌中（故人の死から四十九日まで）
- 忌明け（仏式では四十九日、宗派によっては三十五日。関西ではこの日を満中陰《まんちゅういん》ともいう）
- 忌引（近親者の通夜・葬儀のために会社や学校を休むこと）
- 喪中（忌明けから一周忌まで。この間は慶事への出席を見合わせるのが慣例。年賀状のやりとりも控える）

参会者（故人の部下）の宴席での挨拶

招かれたお礼　本日は、四十九日の法要にお招きいただきまして、ありがとうございました。

自己紹介　私は、田島部長と同じ株式会社トーニチで総務課長をしております湯山亮一と申します。田島部長には、二十年以上も公私にわたってお世話になりました。

故人をしのぶ　若いころはもちろん、私が管理職になってからも、田島部長からは懇切な指導をしていただきました。今でも、無意識のうちに相談を持ちかけようとして、「ああ、部長はもういないんだ」と気づき、胸にポッカリと穴があいたような寂しさを覚えます。

遺族への励まし・結び　ご家族の皆様の悲しみは、私の比ではないと思います。部長もご家族の皆様を気づかっておられるでしょう。

部長を安心させるためにも、どうか気を強く持っていただきたいと思います。私たちにできることがあれば、力になりたいと思っております。

本日は、お招きありがとうございました。

ここが知りたい

◆法要に招かれたときは

法要の案内状が届いたら、なるべく早く出欠の返事を出しましょう。

出席する場合は、供物か供物料を持参します。供物料の表書きは、「御仏前」「ご供物料」、神式の場合は「玉串料」「御神饌料」とします。

参会者の服装は四十九日までなら黒服かダークスーツ、年忌法要の場合は、一周忌には略式喪服を着用しますが、三回忌以降は地味な外出着でかまいません。

参会者（故人の親友）の宴席での挨拶

自己紹介　野原伸一郎と申します。故田丸由紀雄君とは五十年以上にわたるつき合いで、私にとっては無二の親友でした。

招待へのお礼　本日は、四十九日の法要にお招きいただき、ご親族の皆様と納骨にまで立ち会わせていただき、まことにありがとうございました。これで、ようやく吹っ切ることができます。

故人をしのぶ　正直に言いますと、彼が亡くなったことをどうしても信じることができなかったのです。七十歳を越えても市民ランナーとして大会に出場していた彼が、私より先に逝くなんてあり得ないと思っていたのです。しかし、彼のお骨《こつ》をお墓に納めて、私は彼に最後の別れを告げました。ご遺族の方のご配慮に感謝いたします。

遺族への励まし・結び　私のような老骨ではなんの力にもなれませんが、できるかぎりのお手伝いをいたしますので、なんなりとご遠慮なく言いつけてください。ご指名をいただきましたので、思いつくままを申し上げましたが、まとまりのないご挨拶で失礼いたしました。

こんな表現法もある

【故人をしのぶときに用いることば】

- 苦楽を共にした仲間……
- 故人を失った実感がわいてきて、新たな悲しみがわいてきます。
- あの日々はもう返らないことを痛感して……
- あのときのことを鮮明に思い出します。
- まざまざとよみがえってきます。
- つい昨日のことのような気がします。
- 面影が目に浮かびます。
- いまさらながら寂しさが募ってまいります。

一周忌法要での挨拶

母の一周忌法要で長男（施主）として

出席へのお礼　皆様、本日はお忙しいところを母の一周忌法要に多数おいでいただきまして、まことにありがとうございました。

葬儀などでお世話になったお礼　皆様におかれましては、葬儀をはじめ、四十九日の法要、百か日法要にもご参列いただき、さまざまなお力添えを賜りました。この席をお借りして、改めてお礼申し上げます。母が亡くなって家族のみんなが落胆しておりましたが、最近になってようやく笑顔で遺影に語りかけられるようになりました。こうして曲がりなりにも一周忌の法要を行なえますのも、皆様から温かい励ましと、ご助力をいただいたお陰です。

宴席の案内・結び　心ばかりの食事ではございますが、どうぞお召し上がりください。本日は、どうもありがとうございました。

ここが知りたい

◆年忌法要の前の供養

四十九日が過ぎて、故人が初めて迎えるお盆を「新盆《にいぼん》」または「初盆《ういぼん》」といいます。

また、亡くなってから百日目のことを「百か日」または「卒哭忌《そっこくき》」あるいは「出哭忌《しゅっこくき》」といいます。

卒哭とは、哭《な》くことが終わるという意味、出哭とは苦しみから脱出した境地になることで、どちらも悲しみが薄らいでくるころを言い表わしています。

父の一周忌法要で長女（施主）として

出席へのお礼　故・大津立吉の長女の早苗です。ひと言ご挨拶申し上げます。皆様、本日は亡き父の一周忌法要にご出席いただきまして、ありがとうございました。親戚の皆様をはじめ、親しくしていただいたご友人や会社の皆様に、お集まりいただき、父もきっとあの世で喜んでいることと思います。

厚誼へのお礼　父が亡くなってもう一年がたってしまいました。その間、四十九日、百か日、新盆と、父の供養を何度か行ないましたが、そのたびに皆様にご足労いただき、まことにありがたく、厚くお礼申し上げます。また、折に触れ温かい励ましやご助言をいただき、遺族は大変力づけられております。改めてお礼申し上げます。

宴席の案内・結び　ささやかなお食事をご用意いたしましたので、どうかごゆっくりおくつろぎいただき、ひととき父の思い出話などをしてお過ごしください。簡単ではございますが、お礼の挨拶とさせていただきます。本日は、ありがとうございました。

ここがポイント

◆法要終了時の挨拶

参会者の焼香がすむと法要は終了です。宗派によっては、僧侶が法話をすることもあります。

儀式が終了したところで施主が挨拶します。

僧侶と参会者にお礼を述べ、墓参の予定とお斎（会食）の案内をします。お斎を設けない場合は、帰り際に用意しておいた折詰めやお酒、引き出物を渡します。

夫の一周忌法要で妻（施主）として

出席へのお礼　本日は、夫の一周忌の法要にお集まりいただきまして、まことにありがとうございました。お陰さまで、一周忌の法事も無事にすますことができました。皆様のお元気なご様子を拝見できたことが、夫にとって何よりの供養になったのではないかと思います。

近況報告　夫のいない生活にもようやく慣れてまいりましたが、亡くなって間もなくのころは子どもたちもずいぶん寂しい思いをして、皆様に口数が少なくなっていました。このごろは、子どもも笑顔を見せるようになりました。

今後の決意　これからも、夫の遺志を継いで子どもたちを一人前に育てるために、一生懸命に頑張ります。どうか、今後とも変わらぬご交誼を賜りますよう、よろしくお願い申し上げます。

宴席の案内・結び　格別のおもてなしはできませんが、感謝の気持ちを込めてお膳をご用意いたしましたので、どうかお召し上がりください。皆様のご健康とご多幸をお祈りして、お礼のことばといたします。

こんな表現法もある

【お斎の案内をするときに用いることば】

- 忌明けの膳
- お斎の席
- 酒肴の用意
- 粗餐《そさん》を用意
- 心ばかりのお膳
- ささやかな食事
- たいしたおもてなしもできませんが、宴席を準備しました。
- 何もありませんが、こちらの料亭の板前さんに腕をふるっていただきましたので……

妻の一周忌法要で夫（施主）として

出席へのお礼　皆様、本日はご多用中のところを妻の一周忌の法要にご参列いただき、ありがとうございました。

近況報告　妻が亡くなって一年が過ぎ、少し気持ちが落ち着いてきました。冷静に妻の死を見つめることができるようになりましたので、ちょっと心境を述べさせていただこうかな、と思っております。

故人をしのぶ　私は亭主関白で、「女房の死に水をとる役目などごめんだから、おれより長生きしろ」と言っていたものです。ところが、先に逝かれてしまって、悔しいやら腹立たしいやらで、自分を抑えることができませんでした。でも、それは私の妻への愛情表現だと娘に言われて、気がつきました。年がいもなくて恥ずかしいのですが、私も妻を愛していたんだと思います、一周忌を迎えて、やっとそんな自分に気づきましたので、ご報告した次第です。

宴席の案内・結び　ささやかですが、酒席の用意がしてあります。故人を肴に皆さんと語り合いたい気分ですので、おつき合いください。

ここが知りたい

◆施主は参列者より格上の服装を

一周忌、三回忌ぐらいまでは、施主は正式の喪服を着用します。家族も、学校の制服や地味な色の服を着用します。

参会者に敬意を表わす意味で、参会者より改まった服装にするのが礼儀です。

七回忌以降は、喪服でなくてもかまいませんが、やはり参会者より軽装では失礼になります。

娘の一周忌法要で父(施主)として

出席へのお礼　皆様、本日は長女・幸恵の一周忌のご焼香をしていただきまして、本当にありがとうございました。

故人をしのぶ　一年もたっているのに、今さら蒸し返すことはないだろうと言われるかもしれませんが、輪禍に幼い命を奪われた遺族のつらさは、年月では消し去ることができません。あのあどけない笑顔、あの愛らしいしぐさを、私は忘れていません。忘れないことで、交通安全を願うエネルギーにしようとしているのです。

今後の協力を願う　交通事故の死亡者ゼロの願いは、全国の交通事故で子どもを失った親の願いでもあります。私たちは「交通遺族親の会」という会に入り、交通事故から幼い命を守る活動を始めました。皆さんのご協力をお願いする次第です。

宴席の案内・結び　お斎の席を用意しましたので、どうぞ召し上がってください。お友だちの皆さんには、お菓子のおみやげがありますから、お持ち帰りください。本日は、ありがとうございました。

ここが知りたい

◆〝お斎〟の語源は?

法要終了後にふるまう食事を〝お斎〟といいますが、これは僧侶の食事に由来したものです。

僧侶の食事には、決められた時間にとる〝斎食(さいじき・とき)〟と、それ以外の時間にとる〝非時食(ひじじき・ひじ)〟があります。法事の際に食するのは斎食であることから、〝おとき〟というようになったといわれています。

本来は精進料理なのですが、今日では会席料理が一般的になっています。

姉の一周忌法要で妹（遺族代表）として

出席へのお礼　本日は、姉・節子の一周忌の法要にお運びいただきまして、ありがとうございました。

自己紹介　遺族を代表しまして、私からひと言ご挨拶申し上げます。

遺族の近況報告　姉がこの世を去ってから、明後日で丸一年になります。四十九日にはお骨《こつ》を墓に納め、百か日の法要も内輪でいたしました。

そのころは義兄もまだ気を張っていたのでしょう。施主を務めておりましたが、ここひと月ばかりは病気がちで、今日も欠席をさせていただいております。なにぶんにも高齢なので、健康が気がかりです。

今後の支援を願う　これまで、皆様から何かとご支援をいただき、ありがたく厚くお礼を申し上げます。今後も変わらぬお力添えを賜りますよう、よろしくお願い申し上げます。

宴席の案内・結び　ご覧のとおりでなんのおもてなしもできませんが、お時間の許すかぎり杯を傾けてご歓談ください。姉の生前のお話などお聞かせいただければと存じます。

ここが知りたい

◆お斎の席でのマナー

お斎の席では、僧侶が主賓です。自宅で行なう場合は、仏壇を背にする位置を僧侶にすすめ、施主はその隣に座って、お酌をしてもてなします。

ほかの家族は、下座《しもざ》に座ります。法要の席だからといってあまり堅くならずに、故人を中心とした話をしながら、なるべく打ち解けた雰囲気を作るように心がけましょう。

参会者（故人の教え子）の宴席での挨拶

自己紹介　私は、○○小学校で渡辺先生にお世話になった教え子の木原宗太郎と申します。

故人をしのぶ　小学校の同窓会を去年の四月にやり、先生にもご出席いただいたのに、十一月に訃報を受け取ったのですから、本当に驚きました。同窓会のときは大変お元気で、私たちのばか話をニコニコしながら聞いてくださいました。あのときの笑顔が忘れられません。葬儀に駆けつけたときも、遺影の先生はほほえんでおられました。亡くなられたなんて、とても信じられませんでした。

私たちは、子どもも独立して、自由に集まれる年になっています。これからは、毎年同窓会を開いて先生と飲もうと旧友たちと話しておりましたのに、本当に残念です。

故人への呼びかけ　敬愛する渡辺先生、先生はいつまでも私たちの心の中で生きています。感謝を込めて、ご冥福をお祈りいたします。

結　び　本日は、お招きいただき、ありがとうございました。

ここがポイント

◆**思い出話を淡々と述べる**

一周忌のころになると、遺族の悲しみも癒えて、少し余裕が生まれてきます。

参会者が故人の思い出話をして新たな涙を誘う必要はありませんが、故人との触れ合いをまったく話さないのは、遺族の望むことではありません。

故人の人柄を彷彿《ほうふつ》とさせる話なら、悲しみがよみがえってくることはないでしょう。

遺族を悲しませないように、故人をしのぶ思い出話を淡々と述べるのがベストです。

参会者（故人の上司）の宴席での挨拶

招待へのお礼　○○商事の青野です。本日は、田沢さんの一周忌法要にお招きいただきまして、ありがとうございます。

ご無沙汰を詫びる　あれからもう一年がたったのですね。早いもので、告別式で弔辞を捧げたのがつい昨日のような気がします。それ以後なんのご挨拶もせずに今日まできてしまい、大変ご無礼いたしました。

故人の思い出　田沢さんは、仕事のできる有能な社員であっただけでなく、リーダーとしての才能もお持ちでした。今でも、トラブルが起きたりすると「こんなときに田沢さんがいてくれたら」という声が出ます。酒を飲めば、やはり彼の思い出話になりますし、わが部には欠かせない人だったと、今さらながら思っております。

支援の約束　そのように田沢さんはわれわれの記憶の中で生きているのですが、遺族の皆さんの心の中にはもっと鮮明に彼が生きておられることでしょう。これからも、何かありましたら遠慮なく相談してください。少しでもお力になれればと思っております。

こんな表現法もある

【励ますことばと支援を約束することば】

- 残されたお子様をしっかりと守ってください。
- 心を強く持って生きていってください。
- いつまでもお健やかに。
- どうかご自愛くださいますよう。
- 私で力になれることがありましたら、なんでもいたしますので、遠慮なくおっしゃってください。
- 協力を惜しみません。
- 応援しています。
- できるかぎりのお力添えをしたいと思います。

三回忌・七回忌法要での挨拶

父の三回忌法要で長男（施主）として

出席へのお礼　皆様、本日は亡き父の三回忌の法要にお越しくださいまして、ありがとうございました。

厚誼へのお礼　皆様には、葬儀の折とその後の法要で、ありがたい厚情を賜り、心からお礼を申し上げます。

ご無沙汰を詫びる　日ごろはご無沙汰ばかりいたしまして、まことに申しわけなく思っております。こうして皆様のお元気なお顔を拝見いたしますと、安心するやら懐かしいやらで、春の風に吹かれるここちがいたします。父も、あの世から見てさぞ喜んでいることでしょう。

心　境　最近、話し方やしぐさが父と似てきたようです。周りの者がそう言いますし、やはりカエルの子はカエルですね。

宴席の案内・結び　今日は、別室に昼食のご用意をいたしました。ど

ここが知りたい

◆法要を営む日に不都合が生じたときは

祥月命日が年末や正月にかかる場合は、法要の日取りを変更して行なうことが多いものです。

そんなときは、命日より遅らせると、供養をないがしろにしているととられかねないので、それより前にずらすようにします。

同じ年に二つの年忌法要が重なる場合は、「併修」といって、命日の早いほうに合わせて両方を一緒に営むことがあります。

うか、父をしのびながら、ごゆっくりなさってください。

本日は、まことにありがとうございました。

夫の三回忌法要で妻（施主）として

出席へのお礼　本日は、お暑い中を、また遠路はるばる夫の三回忌にお運びいただき、まことにありがとうございました。

厚誼へのお礼　皆様にはお変わりがなく、何よりと存じます。早いもので、夫が亡くなりましてからもう二年がたちました。その後、お陰さまで、私ども遺族もつつがなく毎日を送っております。

近況報告　夫が亡くなったとき、長男はまだ大学生でしたので、どうすればよいかわからずに途方に暮れましたが、皆様から物心両面でのご支援をいただき、苦しい坂を上りきることができました。今、私はスーパーで働いておりますし、長男は今年の春に大学を卒業して就職しましたので、ひと安心しております。

宴席の案内　気持ちばかりのお膳ではございますが、おくつろぎいただいて、夫の思い出話などおうかがいできればと存じます。

ここが知りたい

◆神式の年祭の種類は？
神式でも、故人の祥月命日に儀式を行ないます。

式年祭といい、一年祭、三年祭、五年祭、十年祭、二十年祭、三十年祭、四十年祭、五十年祭、百年祭と続きます。

これらのうち、参会者を招いて盛大に行なうのは、一年祭と十年祭です。

儀式が終わった後で、酒席のもてなしをするのは、仏式と変わりません。

霊祭に招かれたときは、「玉串料」を用意して、地味な平服で出席します。

弟の三回忌法要で兄（遺族代表）として

出席へのお礼　皆様、お久しぶりです。本日は、ようこそ弟の三回忌法要においでくださいました。心からお礼申し上げます。

先ほど施主がご挨拶を申し上げましたので、「おまえはもういいよ」と言われそうですが、お開きの挨拶をということですので、親族を代表して兄の私からひと言ご挨拶いたします。

故人の思い出　弟の公平は三十代の若さで亡くなりましたが、思えば私などよりずっと中身の濃い毎日を送っていたようです。

とくに発病してからは、人間性が研ぎ澄まされ、心の深さが感じられました。彼が家族に残したものは、計り知れないほど多く、大きかったことは事実です。

支援のお願い・結び　皆様には、弟が亡くなって、残された妻と子どもたちへ温かいご指導やご支援をいただき、心から感謝しております。今後とも、なにとぞよろしくお願いいたします。

本日は、ありがとうございました。

ここが知りたい

◆カトリックでは追悼ミサが行なわれる

キリスト教の場合は、決まった年に追悼の儀式を行なう習慣はありませんが、カトリックでは故人の亡くなった日（祥月命日）に記念のミサを行ないます。

一年目はとくに盛大で、多くの人を招いて教会で行ないます。ミサが終わると、茶話会で参会者をもてなし、故人をしのびます。

招かれた側は、生花または「お花料」として現金を包むことが多いようです。

服装は、平服でかまいません。

三回忌法要参会者の宴席での挨拶

招待へのお礼　元○○中学校教師の神崎和雄でございます。本日は、緑川君の三回忌法要にお招きいただき、ありがとうございました。お陰で彼のお墓参りもでき、いい供養をさせていただきました。

故人の思い出　中学校の元担任として、こんな話をご紹介しましょう。

教室の外の壁にツバメが巣を作ったことがありました。あるとき、窓からツバメが入ってきて、教室中が大騒ぎになりました。出ていったツバメを目で追うと、ひなにエサを食べさせてるんです。「おお、昼食か」と私が言いますと、緑川君がおもむろに弁当を取り出して食べ始めたのです。私が「昼食」と言ったものだから、いつもは隠れて食べていたのを、その日は堂々と食べていいと解釈したらしいのです。クラスの悪童連中がこれに勢いを得て、みんなが弁当を出し始めたのです。これにはあわてて、止めるのに苦労しました。

結　び　そんな彼がもうこの世にいないというのは、本当に寂しいことです。他愛のない話をしまして、大変失礼いたしました。

◆プロテスタントでは記念式が行なわれる

プロテスタントの場合は一周忌にあたるものを「召天記念日」と呼び、自宅、教会、墓前のいずれかで行ないます。

教会で行なうときは、伝道集会などに組み込んでもらうのがふつうで、仏式や神式より簡素に営まれます。

それ以降は決まりはありませんが、召天日（祥月命日）に記念式を行なうことがあります。

招かれる側の心得は、カトリックと同様です。

母の七回忌法要で長男（施主）として

出席へのお礼　法要の施主として、ひと言お礼のご挨拶をいたします。

本日は、お忙しい中、亡き母の七回忌の法要にご参列いただきまして、ありがとうございました。生前と変わらぬご厚誼を賜り、母もさぞ喜んでいることでございましょう。

故人の思い出　光陰矢のごとしで、母が逝きましてからはや六年の歳月が流れました。

六年もたったというのに、私の頭の中の母の面影はいっこうに薄らぎません。むしろ、最近では鮮明によみがえってくることがあります。不思議なことに、その面影は母の晩年の姿ではなく、私が幼かったころの母なのです。やはり、子どもにとっては若かりしころの母親は理想の女性なのかもしれません。

宴席の案内・結び　今日はそんな母をしのびながら、皆さんと思い出話ができればと存じます。お粗末なお膳で恐縮ですが、お酒だけはたっぷり用意しておりますので、ごゆっくりお過ごしください。

ここが知りたい

◆弔い上げの後は永代供養をお願いする

三十三回忌は、「清浄本然忌」とも呼ばれ、弔い上げとされています。

三十三年目には、どのような罪を犯した人でも無罪放免となり、極楽往生できるので、弔い上げとするわけです。

そこで、その後の供養をお寺に託し〝永代供養〟をお願いします。もちろん、永代供養料をお寺に納める必要がありますが、その金額は一律ではありません。

妻の七回忌法要で夫（施主）として

出席へのお礼　皆様、お久しぶりでございます。

本日は、あいにくの雨模様で、お足元が悪い中を、妻・麗子の七回忌法要においでいただき、本当にありがとうございました。

近況報告　麗子が亡くなってから六年になりますので、子どもたちも大きくなりました。昨年長女が嫁にいった際も、皆様からお心づかいをいただきました。改めてお礼を申し上げます。また、長男夫婦には子どもが生まれ、私もいよいよおじいちゃんです。麗子が生きていれば、四十代でおばあちゃんになっていました。次男はまだ大学生ですが、来年には就職で、今は一生懸命会社回りをしています。私はといえば、会社を早めに辞め、損保の代理店を始めました。小なりといえども一国一城の主になったわけですが、駆け出しなので、四苦八苦しています。

宴席の案内・結び　皆様方のご消息などもうかがいたくて、形ばかりですがお酒の席をご用意しました。どうかお時間の許すかぎり、お話をお聞かせください。本日は、お参りいただき、ありがとうございました。

ここがポイント

◆近況報告と同時に参会者の消息を尋ねる配慮も

年忌法要も七回忌以後になると、歳月が経過し、施主側も参会者側も生活に変化が出てきます。

施主の挨拶では、自分の近況報告をする人は多いのですが、参会者の消息を気づかう配慮も必要です。

招待した人ではなく代理人が出席している場合は、お斎の席などでそれとなく事情を聞き、本人が病気加療中などの場合は、お見舞いや慰めのことばをかけるのが礼儀です。

追悼会での挨拶

遺族代表としての長男の謝辞

会開催のお礼　皆様、本日は亡き父のためにこのような盛大な追悼会を催していただき、まことにありがとうございました。

故人の思い出　皆様のお話をお聞きして、私の知らない父のもうひとつの顔を知ることができました。家では、わがままでいかめしい頑固おやじそのものでしたから、本当に意外でした。そういうひょうきんで楽しい人だとわかっていれば、もっと気軽に口をきけたのにと、今さらながら残念な気がします。それはともかくとしまして、こうして皆様と父の思い出話ができましたことは、私たち遺族にとりまして、何よりもうれしいことでございます。

結　び　このように和やかな席を設けてくださったことに心からお礼を申し上げ、お礼のご挨拶とさせていただきます。

ここが知りたい

◆追悼会では、だれが挨拶をすべきか

法要は宗教的な儀式で、一定の式次第があります。それに対して、追悼会には宗教的な式次第はありません。

進行パターンはさまざまですが、その中心になるのはスピーチです。発起人や主催者の挨拶に始まり、参会者たちがそれぞれに思い出を語り、遺族の代表も挨拶を求められます。

遺族は、会を開いていただいたことへのお礼を述べましょう。

遺族代表としての妻の謝辞

招待へのお礼　本日は、このように心温まる席にお招きいただきまして、本当にありがとうございました。

会開催のお礼　夫が亡くなってから十年になりますのに、皆様がこうしてお忘れにならずに、ご多用な中をお心のこもった会を開催してくださることは、遺族として本当にありがたいことで、心から厚くお礼申し上げます。

当時の思い出　夫が亡くなった当初は私も若く、二人の子どもを抱えて毎日泣き暮らしておりました。あのときに皆様が励ましてくださらなかったら、私たちは夫の後を追ったかもしれません。皆様は、私たち家族の命の恩人でございます。その節は大変お世話になりました。

近況報告　お陰さまで、私どもは元気で暮らしております。長男も今年結婚することになり、長女も社会人として働いています。

結　び　今日は、皆様のその後のご活躍ぶりなどをうかがいに参りましたので、どうかお聞かせください。

ここがポイント

◆招かれた遺族はみんなの知らないエピソードを

追悼会には遺族が招かれます。事情によっては遺族が遠慮するケースもありますが、招かれたときはできるだけ出席するようにしましょう。

出席するときは、追悼会の進行上のどこで挨拶をするのか確認し、原稿を作っておきます。

また、思い出話を求められることも想定して、みんなの知らないエピソードなどを用意しておくとよいでしょう。

発起人（故人の教え子）の挨拶

出席へのお礼　本日はお忙しい中を「石塚雄三先生をしのぶ会」にご出席いただき、まことにありがとうございます。開会に際し、発起人を代表して、ひと言ご挨拶申し上げます。私は、先生の教え子の一人で、昭和○年に母校を卒業した蔵原栄一と申します。

会の趣旨説明　今年で、先生がお亡くなりになってから十年になります。その間、ここにお集まりの仲間たちは、個別にお墓参りをしたり、ご自宅にうかがってお焼香をさせていただいたり、小グループで追悼会を開いたりしていたようです。みんなが先生を慕っていたわけで、それなら没後十年を記念して合同の追悼会をしようということになり、この会を開催した次第です。先生のご遺徳をしのび、今日は思い出話に花を咲かせてください。先生の奥様とお嬢様もお招きしてございます。

献杯を促す　奥様にはのちほどご挨拶をいただくとして、まずはわれわれの大先輩である○○大学の野島教授に献杯《けんぱい》のご発声をお願いしたいと思います。野島先生、よろしくお願いいたします。

ここがポイント

◆参会者の挨拶で気をつけたいこと

参会者のスピーチの内容は、回想や故人の人柄を示すエピソードの紹介が基本です。

しかし、遺族に悲しい思いをさせてはなりませんし、かといってくだけすぎるのも考えものです。

また、参会者は故人と自分とのかかわりあいを強調したがるものですが、度が過ぎると故人よりも生きている自分のＰＲになってしまいます。

会の趣旨からはずれないようにしましょう。

参会者（故人の茶道の教え子）の挨拶

自己紹介　私は糸田葉子先生の弟子の一人で、堀川和枝と申します。先生の追悼会があるというので、名古屋から駆けつけてきました。

会主催者へのお礼　まず最初に、この会を開催してくださった発起人の皆様に厚くお礼を申し上げます。

故人をしのぶ　糸田先生のことで真っ先に思い浮かぶのは、初めて先生のお宅へうかがったときのことです。先生のお宅にはお茶室がなくて、お茶をたてられる部屋には生活の匂いのする家具がいくつか置かれていました。先生は「無一物中無尽蔵」とおっしゃって、「何もないところには何でもあるように、何でもあるところには何もないのよ」と説明されました。私がわけがわからなくて、きょとんとしていると、先生は楽しそうにお笑いになって「あなた、私のお弟子になりなさい」と言ってくださいました。もう二十年も前のことです。

結び　今日は、皆様と共に先生の思い出話ができると思い、楽しみにして来ました。心ゆくまで先生をしのびたいと思います。

こんな表現法もある

【故人を懐かしむことば】

- 追慕の念にかられております。
- 遅まきながら、今になって父の気持ちがわかるようになりました。
- ありし日の姿が心によみがえって、感慨もひとしおです。
- 思い出が胸に迫ってまいります。
- 面影が心に浮かんでまいります。
- あの日のことが脳裏に焼きついて離れません。
- 教えが私の中に脈打っています。

Column

お悔やみ・法要の電報の打ち方と文例

弔電を電話で申し込む場合は、番号は局番なしの115番で、午前8時から午後10時まで受け付けています。配達日が指定できますので、葬儀に遅れないよう早めに手配します。

あて名は喪主あてですが、喪主がわからない場合は故人の名前のあとに〝ご遺族様〟をつけます。あて先は葬儀の行なわれる式場気付とします。

インターネットでの申し込みは、24時間受け付けているので便利です。

文例（NTT定例文）

★○○様（ご尊父様・ご母堂様）のご逝去を悼み、謹んでお悔やみ申し上げますとともに、心よりご冥福をお祈りいたします。

★○○様のご逝去の報に接し、心からお悔やみ申し上げます。

★○回忌のご法要にあたり、故人の面影をしのびつつ、あらためてご冥福をお祈りいたします。

オリジナル文例

★突然の悲報に接し、胸がつぶれる思いです。

★ご家族皆様のご心痛いかばかりか、お慰めのことばもありません。

★ありし日のお姿をしのびつつ、深く哀悼の意を表します。

★○○君のご訃報に接し、ただ驚くばかりです。元気で活躍されているものと思っておりましたのに、まことに残念です。今はただ、心安らかにご永眠されますことを祈るばかりです。

★ご生前のご厚情に感謝いたすとともに、天国への旅路安かれとお祈りいたします。ご家族の皆様には、一日も早く立ち直られますよう、遠地よりお祈りいたします。

葬儀後の喪家の挨拶回り

法要・追悼会での挨拶

通夜ぶるまい終了時の挨拶

葬儀・告別式・お別れ会での挨拶

精進落としに際して

精進落とし終了時の挨拶

法要での挨拶

喪主、遺族、世話役代表として

お悔やみへの返礼のことば

喪　主

世話役

通夜ぶるまいに際して

喪　主

さくいん

弔問・会葬者として

通夜でのお悔やみのことば

葬儀・告別式での弔辞

友人・メンバー代表

職場・学校関係者

社葬の場合

この度は、当社刊行のａｉ・ｂｏｏｋｓをお買い求めくださいまして、ありがとうございました。

ａｉ・ｂｏｏｋｓは、中国の古典、荀《じゅん》子《し》の『勧学』の中にある〝青は藍《あい》より出でて藍より青し〟という、有名な言葉をもとに命名した、生活実用書のシリーズです。

ａｉ＝藍は、タデ科植物の一種ですが、昔は、この植物を原料として青色の染料をとっていました。この染料によって染められた染物は、原料の藍よりも、さらに青く染まるところから、人間も、学ぶ努力と修養を積めば、師よりも学芸に秀《ひい》でることができることの譬《たと》えとしてよく知られています。

読者のみなさまが、この本から知識を得られ、それにさらに磨きをかけ、奥義をきわめ、いっそうの博識と腕前をあげられますことを願ってやみません。

ａｉ・ｂｏｏｋｓについて、ご意見、ご感想をお寄せいただければ幸いです。

日本文芸社編集部

葬儀・法要あいさつ事典

著者　岩《いわ》 下《した》 宣《のり》 子《こ》

発行者　中村　誠

印刷所　長苗印刷株式会社

製本所　大口製本印刷株式会社

発行所　東京都千代田区神田神保町1の7　株式会社 日本文芸社

TEL 03(3294)8931[営業]　03(3294)8920[編集]

〒101-8407

落丁本・乱丁本はお取りかえいたします。　112000111－112180130Ⓝ31

Printed in Japan

ISBN978-4-537-12011-0　（編集担当　三浦）

URL https://www.nihonbungeisha.co.jp/